Votre main parle

Données de catalogage avant publication (Canada)

Brunin, René

    Votre main parle

    Éd. rev. –

    Publ. à l'origine dans la coll.: Collection Esotérisme, c1990.

    ISBN 2-7640-0057-X

    1. Chiromancie. 2. Main. I. Titre.

BF922.B78 1996   133.6   C95-941659-5

LES ÉDITIONS QUEBECOR
7, chemin Bates
Bureau 100
Outremont (Québec)
H2V 1A6
Téléphone: (514) 270-1746

© 1996, Les Éditions Quebecor
Dépôt légal, 1er trimestre 1996

Bibliothèque nationale du Québec
Bibliothèque nationale du Canada
ISBN: 2-7640-0057-X

Éditeur: Jacques Simard
Coordonnatrice à la production: Dianne Rioux
Conception de la page couverture: Bernard Langlois
Illustration de la page couverture: Odile Ouellet
Illustrations intérieures: Carole Bérubé
Impression: Imprimerie L'Éclaireur

RENÉ BRUNIN

Votre main parle

Les Éditions
Quebecor

TABLE DES MATIÈRES

Introduction

Il y a autant de diversité dans les mains que dans les visages. Deux jumeaux ou deux jumelles identiques présentent à l'examen des différences qui ne se voient pas au premier abord.

Il en est de même pour les mains. Chaque individu possède des mains dont la forme et les lignes lui sont personnelles.

Nous savons d'ailleurs que chacun d'entre nous est différent des autres, qu'il est unique en quelque sorte. C'est pour cela que l'étude des lignes de la main est si intéressante : elle nous fait découvrir un être singulier qui n'a pas de copie.

Mon intérêt pour l'étude des lignes de la main remonte à 1946. J'étais alors étudiant à l'école normale Jacques-Cartier et je passais de longues heures à la Bibliothèque municipale, rue Sherbrooke, à Montréal.

C'est tout à fait par hasard que ma curiosité fut attirée par un livre sur l'interprétation des lignes de la main. Depuis, je me suis toujours intéressé à ce sujet, scrutant d'abord mes propres mains pour me connaître moi-même et analysant par la suite les mains de mes amis et connaissances, au fil des rencontres, et lors de réunions sociales auxquelles j'assistais.

Dans ma vie personnelle, il m'est arrivé de prendre des décisions qui ont changé le cours de mon existence et je peux affirmer que les résultats obtenus se sont avérés conformes aux indications inscrites dans mes mains.

Je vous livre ici l'essentiel d'un cours de 30 heures sur l'interprétation des lignes de la main que j'ai eu l'occasion de présenter. J'espère que vous aurez autant de plaisir à le lire que j'en ai eu à le donner.

Historique

Dieu a placé des signes dans les mains de tous les hommes, afin que chacun connaisse Ses oeuvres.
Livre de Job,
chap. 37, verset 7

L'interprétation des lignes de la main remonte à la plus haute Antiquité. L'étude de la main révélait le caractère, les aptitudes et même la destinée de chacun.

À la fois science et art, la chiromancie était très populaire chez les Égyptiens, les Chaldéens, les Hébreux et les Romains.

Les philosophes grecs et latins tenaient cet art en haute estime : Aristote, Platon, Albert le Grand l'étudièrent.

Plus près de nous, Jules César lisait dans les mains des gens de son entourage.

Après le Moyen Âge, cet art tomba dans l'oubli ... et connut une nouvelle vogue grâce à deux savants : le capitaine d'Arpentigny et le peintre Derbarolles. Ce renouveau arriva à la fin du siècle dernier.

De nos jours, l'université d'Allâhâbâd, en Inde, décerne un doctorat en chirologie après plusieurs années d'études.

La chirologie possède une multitude d'applications : elle révèle aussi bien la vocation que le fonctionnement physique et émotionnel d'un individu.

1

Quelques réflexions générales

Qu'est-ce que la chirologie?

La chirologie est à la fois une science et un art.

Elle est une science parce qu'elle se fonde sur des connaissances, lesquelles viennent de l'expérience. Depuis la nuit des temps, il y a toujours eu des gens qui se sont intéressés à l'interprétation des lignes de la main. Mais ce n'est pas, bien sûr, une science pure; c'est une science empirique qui a franchi les siècles pour parvenir jusqu'à nous.

La chirologie est aussi un art, car la véracité de ce qui apparaît dans une main demande à l'analyste un esprit de synthèse et d'analyse assez poussé.

À mon avis, on ne s'improvise pas chirologue. Cela prend des années avant de maîtriser, un tant soit peu, les nombreuses connaissances nécessaires à une bonne interprétation.

Il n'y a pas de meilleure façon de procéder que de se connaître soi-même avant de découvrir les autres. C'est un peu comme le psychiatre qui se fait psychanalyser afin d'explorer à fond son «moi» avant de pouvoir adéquatement comprendre et aider les autres.

Pour acquérir la compétence nécessaire, le chirologue doit scruter à la loupe toutes les lignes et les signes qui se trouvent dans ses propres mains, les interpréter et les revoir à intervalles réguliers pour s'assurer que les décisions qu'il a prises et les rêves qu'il caresse sont inscrits dans les lignes de ses mains.

En plus de maîtriser toutes les connaissances requises et l'art de l'interprétation, le chirologue doit posséder un don naturel, une très grande intuition.

2

L'aspect général de la main

La première chose que je regarde lorsque je prends la main d'un consultant, c'est l'aspect général de la main : est-elle grande ou petite, est-elle large ou étroite?

Il faut signaler ici que la personne peut être grande et avoir une petite main, ou être petite et avoir une grande main. C'est une question de coup d'oeil et d'appréciation.

Main grande

Le cerveau domine le coeur.

Une grande main indique une personne réfléchie qui contrôle ses émotions et qui prend un certain temps à se décider.

Elle dénote un esprit analytique et minutieux qui veut tout savoir dans le détail avant de passer à l'action.

La décision sera peut-être lente à venir, mais lorsqu'elle sera prise, rien, aucun obstacle, aucun sentiment ne fera reculer la personne. Cela peut devenir de l'entêtement et de l'obstination, ce qui révèle parfois un manque d'adaptation, surtout si les circonstances changent. D'autres signes, comme la longueur de la ligne de Tête, viendront confirmer cette hypothèse.

Une grande main sait se faire écouter et sait aussi garder un secret.

Elle est la main des spécialistes : savants ou artisans. Comme on vient de le dire, elle est peu maniable, se plie difficilement aux circonstances. Elle dénote aussi de la timidité et de l'égoïsme.

Main petite

Ici, le coeur domine le cerveau. Elle indique une personne qui perçoit l'ensemble plutôt que les détails.

Elle possède un esprit plus synthétique qu'analytique. La réflexion, contrairement à la main grande, est peu profonde, mais le coup d'oeil est juste.

Cette main est active; ce qu'elle a décidé doit se faire immédiatement, sinon elle devient capricieuse.

Cette main annonce aussi un caractère enjoué et optimiste. La main petite révèle donc une facilité d'adaptation, basée sur son intuition.

Elle n'est pas douée pour le travail manuel et elle est maladroite, surtout si les doigts sont raides et courts.

La main petite adore le potinage et le bavardage. Si vous voulez que toute la ville en parle, confiez-lui un secret.

Main large

La main large signifie que la personne possède une grande vitalité. Elle est forte, puissante, audacieuse, combative. Cette personne sait ce qu'elle veut : c'est le signe de la réussite.

Le grand défaut de cette main est le manque de délicatesse : étant débrouillarde, elle n'hésitera pas, au besoin, à bousculer, renverser et piétiner. C'est la main de l'homme d'affaires, de l'aventurier.

La main large est intelligente, si d'autres signes ne viennent pas contredire ce fait. Mais elle peut aussi être sotte : il n'y a pas de milieu. C'est la main d'un homme remarquable, ou d'un insignifiant, d'un pédant, d'un homme imbu de lui-même et de son mérite personnel.

Main étroite

Contrairement à la main large, la main étroite est la main des faibles et des indécis, tant sur le plan physique que sur le plan moral.

Cette main manque de confiance en elle; elle est craintive, peureuse et faible, et se méfie de tout le monde. Sa méfiance lui fait analyser tout à l'extrême, ce qui a pour effet de briser son élan et de l'empêcher d'aller de l'avant.

En général cette main n'est pas heureuse, car elle souffre d'insécurité chronique, tant physique que psychologique.

Ce sont des personnes qui vivent cependant très vieilles, car elles sont constamment sous les soins des médecins.

Les caractéristiques négatives que l'on trouve dans les mains étroites peuvent cependant être annulées, ou grandement diminuées, par d'autres signes positifs.

Longueur de la paume et longueur des doigts

Une caractéristique importante, lorsque j'examine la main, est la longueur de la paume comparée à la longueur du majeur.

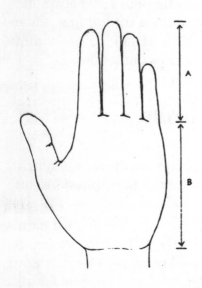

Il suffit de mesurer la longueur du majeur, en partant de la racine jusqu'au bout des doigts (voir a), et de comparer cette longueur avec celle de la paume, de la racine du doigt jusqu'au poignet (voir b).

Si la paume de la main est plus longue que le majeur, cela dénote une personne pratique, possédant un esprit de synthèse, qui est en mesure de saisir l'essentiel d'un problème ou d'une situation et qui est capable de passer à l'action. Cela se confirme si la partie onglée du pouce est longue.

Cette personne sait comment réagir et apporte toujours une solution satisfaisante et définitive à ses problèmes. Elle possède le sens de l'organisation et sait quoi faire pour réussir.

Si, par contre, le majeur est plus long que la paume de la main, la personne sera plutôt rêveuse et aura de la difficulté à saisir l'ensemble d'un problème. Il lui sera plus difficile de trouver des solutions par elle-même et elle aura tendance à demander conseil.

Son manque d'organisation rendra sa réussite plus laborieuse; les détails lui voileront très souvent l'ensemble d'une situation et freineront son ascension vers le succès.

Ce premier contact avec une main nous informe déjà si la personne qui est devant nous possède le sens pratique ou si c'est le côté rêveur qui prédomine.

En ce qui me concerne, et tout en restant très réaliste, je voudrais vous dire simplement que, chaque fois que je suis en présence des mains d'une personne, je sens mon être traversé par un fluide étrange, et mon esprit se sent obligé de dire les choses et les événements que je vois à travers les lignes et les signes inscrits dans ces mains. Les mots se bousculent, se précipitent et très souvent je suis surpris de dire tant de choses à de personnes qui me sont tout à fait inconnues.

En plus de cet «état second» qui s'empare de mon être, j'éprouve à l'intérieur de moi une étrange impression qui n'est jamais la même d'une personne à l'autre. Cette impression est indéfinissable, impalpable, mais elle est ressentie au plus profond de mon être. Peut-on appeler cela un don, une intuition?

Différence entre la main gauche et la main droite

Plusieurs personnes me demandent s'il y a une différence entre la main gauche et la main droite. En fait, il y a une très grande différence entre les deux mains.

La main gauche est la main de l'inconscient: elle est plutôt passive. C'est la main du destin et des choses réalisables par l'individu. Elle révèle tout le bagage héréditaire que nous ont laissé nos parents: ce sont les qualités, les défauts, les possibilités que nous possédons. Elle représente en quelque sorte, la valise que nous transportons avec nous pour le voyage de la vie.

La main droite est la main du conscient : elle est la main de l'action. On y voit la volonté de l'individu préparer et façonner sa propre destinée à partir de son potentiel héréditaire.

Qui, lors d'un voyage, n'a pas laissé dans ses bagages des vêtements non utilisés? Il en est de même dans la vie : nous n'avons pas que les qualités pour exercer un seul métier. Les mêmes signes indiquent une réussite dans des carrières qui demandent du dévouement aussi bien que de la disponibilité envers les autres. Je pense ici aux professions de médecin, d'institutrice et d'infirmière, lesquelles demandent les mêmes qualités.

C'est souvent aussi les circonstances de la vie (par exemple, la mort prématurée du père), l'entourage ou les amis qui font qu'une personne choisit une profession plutôt qu'une autre. Tout cela apparaît dans les mains. Chacun d'entre nous possède une foule de possibilités qu'il développe partiellement, ou pas du tout. La vie est un choix continuel, et nous laissons souvent dans nos bagages des vêtements qui ne répondent pas aux nécessités du moment... quitte à les utiliser plus tard.

Les signes inscrits dans la main gauche

L'interprétation des lignes de la main doit commencer par la main gauche, et nous devons être très prudents... n'avancer que pas à pas. Les signes inscrits dans la main gauche n'apportent aucune certitude, ils ne sont que des hypothèses, des possibilités.

Un signe défavorable dans la main gauche ne veut rien dire s'il n'est d'abord corroboré par d'autres signes dans la même main. De plus, il doit aussi apparaître dans la main droite : ce n'est qu'à ce moment que nous pouvons parler d'une quasi-certitude.

Combien de personnes m'ont dit qu'elles auraient une vie courte parce que leur ligne de vie s'arrêtait à quarante ans! C'est une grave erreur d'interprétation. L'espérance de vie peut se vérifier à trois endroits dans la main gauche : sur la ligne de Vie, sur la ligne de Tête, et sur la ligne de Chance.

Il faut le répéter, car c'est un point important qui peut fausser toute interprétation : si tous les indices que nous avons vus dans la main gauche ne se reproduisent pas dans la main droite, il n'existe aucune certitude, et ce ne sont que des probabilités.

Si un indice défavorable, dans la main gauche, n'apparaît pas dans la main droite, cela veut dire que le sujet a modifié son destin d'une façon positive. Si, au contraire, les indices de la main gauche sont très bons, tandis que ceux de la main droite sont moins favorables, cela signifie que le sujet n'aura pas développé ses potentialités au maximum; un manque de volonté, une erreur de jugement, ou des circonstances défavorables l'empêcheront d'atteindre le succès auquel il était destiné.

Un signe qui apparaît dans la main gauche mais qui n'apparaît pas dans la main droite signifie que le sujet possédait, au départ, une possibilité, une tendance qui faisait partie de sa nature mais qu'il n'a pas développée. Elle n'apportera donc aucun résultat.

Si les deux mains possèdent exactement les mêmes signes et que les lignes sont semblables, le sujet n'a pas progressé, il ne s'est pas «forcé» comme on dit. Il n'a fait que suivre ce que l'hérédité ou la nature lui avait donné.

La main gauche révèle donc les tendances, les inclinations, les possibilités naturelles du sujet qui ne sont que des hypothèses.

La main droite dévoile le développement, les décisions, les choix que le sujet a faits pour réussir sa vie.

Cette façon d'interpréter les lignes de la main est en conformité avec les lois neurologiques qui nous apprennent que nous utilisons plus le côté gauche de notre cerveau que le droit, et que les nerfs du côté gauche aboutissent à notre main droite.

Les lignes de la main changent-elles?

C'est une question qui m'est souvent posée en consultation. Bien sûr que les lignes de la main se modifient.

Les lignes de la main gauche, à mon avis, changent très peu, car le bagage que nous ont légué nos parents reste avec nous tout au long de notre vie. Nos qualités, nos défauts, nos inclinations naturelles nous suivent: nous sommes «bâtis» comme ça.

Cependant les lignes de la main droite peuvent s'enrichir de rameaux ascendants, ou se doter de lignes secondaires descendantes qui dénotent un usage négatif de nos capacités.

Les lignes principales de la main, comme la ligne de Vie, la ligne de Tête et la ligne de Coeur, peuvent se creuser davantage autant qu'elles peuvent s'amincir.

Même si notre destin est inscrit dans notre main gauche, il ressort de tout cela que nous demeurons libres de façonner notre vie à notre guise.

Quel merveilleux pouvoir avons-nous!

À l'aurore de notre vie, nos bagages sont là, dans la main gauche. Notre destination est inscrite dans notre main droite : réussite, bonheur, etc. Tout au long de notre route terrestre, nous pouvons cependant modifier et améliorer notre parcours.

Cela représente tout un programme.

Le présent et le passé

Il y a une croyance populaire qui associe la main gauche au passé et la main droite à l'avenir.

En ce qui me concerne, le passé et l'avenir sont inscrits dans les deux mains. Il revient à celui qui consulte, au cours de la rencontre, d'interpréter les réflexions du chirologue et de déterminer, dans son for intérieur, si tel événement est passé ou futur.

3

Les zones de la main

Après avoir retenu l'aspect général de la main, il faut diviser celle-ci en deux zones principales. Vous tracez une ligne imaginaire verticale, partant du centre du majeur, appelé aussi médius, pour aboutir au centre de la base de la paume.

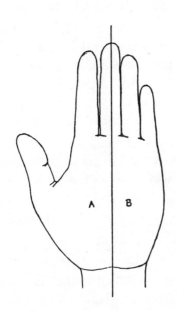

La main est alors divisée en deux parties. D'un côté, à gauche, vous avez celle formée du pouce, du mont qui est à sa base, de l'index et de la partie radiale du médius (voir a).

Cette moitié de la main représente l'**extériorité** de la personne, le côté actif de son être, celui qui conditionne sa vie extérieure, ses ambitions, sa force de volonté, sa puissance de domination.

La deuxième partie de la main, à droite, comprend le petit doigt, l'annulaire, la moitié cubitale du médius et la moitié cubitale de la paume, appelée percussion (voir b).

Cette portion de la main représente l'**intériorité** de la personne, son monde intime — moins actif —, son monde

d'émotions et d'énergies intérieures, le contenu de sa conscience.

Vous tracez ensuite une ligne imaginaire horizontale,
cette fois sous les monts situés à la base des doigts. La main
est alors divisée en deux parties, non pas de gauche à
droite, mais de haut en bas.

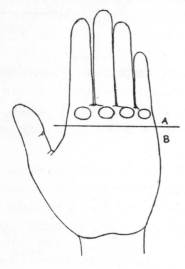

La première partie, en haut
de la ligne horizontale, comprend les doigts et les monts
situés à la racine de ceux-ci
(voir a).

Cette partie supérieure de
la main se rapporte à l'activité
de l'être et à son intelligence
spécifiquement humaine.

La partie inférieure de la
main comprend la zone pal-
maire, c'est-à-dire la paume
de la main. Cette moitié de la
main se rapporte à la passi-
vité et au caractère instinctif que l'humain possède face
aux autres êtres vivants (voir b).

Si je superpose ensuite ces deux divisions principales,
la verticale et l'horizontale, je constate que la main est composée de quatre zones majeures.

Le premier quart, la zone numéro un, comprend le petit
doigt et l'annulaire ainsi que leurs racines.

Cette zone de la main dénote les facteurs dirigés intérieurement, d'une nature active et spécifiquement humaine. En fait le petit doigt est directement lié aux relations
d'un être avec ses proches, ses parents. Il renseigne aussi
sur la sexualité de l'individu.

L'annulaire, quant à lui, est en rapport direct avec la
sociabilité en général et la manière dont une personne se
livre émotionnellement.

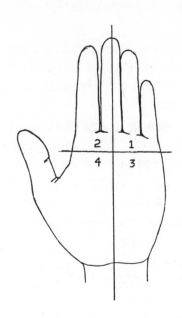

La chiromancie traditionnelle désigne le petit doigt sous le nom de *Mercure* et l'annulaire sous le nom d'*Apollon*.

Mercure est chargé des relations entre les hommes. Apollon est le patron des Arts. L'art est l'image parfaite des gens qui extériorisent leurs émotions.

Le deuxième quart, la zone numéro deux, est la partie radiale supérieure de la main qui comprend l'index, la phalange onglée du pouce et la moitié du doigt du milieu.

Cette partie de la main est considérée comme la marque des facteurs dirigés vers l'extérieur, d'une nature active et spécifiquement humaine.

L'index traduit la manière de faire face à la vie, de s'y adapter. L'index traduit aussi l'ambition et l'attitude sociale du sujet.

La première phalange du pouce représente la force de volonté et la capacité d'endurance.

La chiromancie traditionnelle appelle l'index *Jupiter* et associe le pouce à *Vénus* et à *Mars*.

Jupiter nous informe sur l'expansivité, la protection, et tous les traits de caractère qui contribuent à la joie de vivre. Il nous indique si un être est bien adapté à l'existence et s'il est heureux, quelle que soit sa situation.

Saturne, qui est le doigt du milieu, a un pied dans les deux camps. Sa partie radiale est dirigée vers l'extérieur de l'être; elle s'offre donc au monde. Sa partie cubitale est dirigée vers l'intérieur de l'être et représente la partie secrète.

On peut donc dire que Saturne, étant le terrain de rencontre de deux indications contraires, est le doigt de la réconciliation ou du destin : il concilie les besoins intérieurs et les exigences extérieures.

Le troisième quart, qui est la zone numéro trois, est la partie inférieure et cubitale de la main. Elle est occupée par ce que les chiromanciens appellent le *mont de la Lune.*

Cette zone se rapporte aux éléments passifs de l'homme, ceux dirigés vers l'intérieur. Elle a trait au subconscient de l'individu. La lune est la planète des fluctuations, de la croissance, de la méditation et de la folie.

Le quatrième quart, qui est la zone numéro quatre, est la partie radiale inférieure de la main. Elle est occupée par la racine du pouce.

Cette zone révèle les éléments actifs de l'être qui sont dirigés vers l'intérieur : la réserve d'énergie et la force de vitalité créatrice et amoureuse. Cette partie se nomme le *mont de Vénus :* déesse de la beauté et de l'amour.

Est-il important de s'attarder aux zones de la main? Disons que cela donne un très bon départ pour savoir si la personne qui est devant nous est active ou passive; si elle possède une facilité pour extérioriser ses sentiments ou si elle est plutôt renfermée; si elle possède l'ambition et la force de volonté pour faire face à la vie ou si elle se laisse guider par son imagination et son subconscient.

C'est donc un portrait global des potentialités d'une personne : ses lignes de force, ses possibilités, ses faiblesses.

Bien sûr, toutes les mains possèdent un peu de tout ce que nous venons de voir, mais l'art de la chiromancie consiste justement à découvrir quel aspect prédomine, quelle qualité la personne doit développer et quelle faiblesse doit être travaillée pour atténuer les échecs possibles.

4

Les monts

Après avoir examiné l'aspect général de la main ainsi que les quatre zones qui la composent, il est important de jeter un coup d'oeil sur les monts.

Comme le mot l'indique, les monts sont de petites montagnes en quelque sorte, des petites boules situées à la racine de chaque doigt.

Chaque monticule correspond à une planète de laquelle il reçoit une influence plus ou moins favorable selon que son développement est plus ou moins parfait, ou que les signes qui s'y trouvent sont plus ou moins heureux.

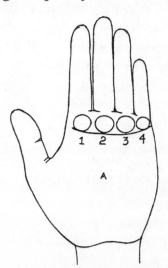

Les monts sont situés à la racine des doigts et sont limités à leur base par la ligne de Coeur. La ligne de Coeur part de la percussion et traverse la main horizontalement. Elle se termine au pied du mont de Saturne. Son extrémité peut descendre vers la ligne de Tête ou monter vers le sommet du mont, entre l'index et le majeur.

Lorsque ces monts sont bien à leur place, bien unis, ils apportent les qualités qui appartiennent à la planète qu'ils représentent. Si les monts sont plats ou peu saillants, ils annoncent une absence de ces qualités. Si les monts sont remplacés par une cavité, ils donnent les défauts qui correspondent aux qualités.

S'ils sont hors de leur place, ils participent aux défauts ou aux qualités des monts vers lesquels ils tendent.

Si des lignes ou des signes, que nous décrirons plus tard, viennent s'inscrire sur les monts, cela modifie la signification de ces derniers.

L'ampleur excessive d'un mont annonce l'excès dans la qualité, ce qui devient un défaut.

Chacun des monts a été divisé ici en trois groupes d'explication : les *qualités* du mont lorsqu'il est bien placé, l'*excès* dans la qualité lorsqu'il est trop développé et l'*absence* de qualité quand le mont est plat ou peu saillant.

Jupiter

Jupiter est situé à la racine de l'index, le premier grand doigt, celui qui ordonne, qui menace, qui montre. Jupiter était la plus grande, la plus belle des planètes connues. Elle était la reine des dieux païens et elle commandait dans le ciel (voir a) 1).

Qualités

Jupiter apporte une religion fervente, une ambition noble, des honneurs, de la gaieté, l'amour de la nature, les mariages heureux, les unions d'amour.

Excès

Jupiter apporte la superstitition, l'orgueil excessif, l'amour de la domination, le désir de briller.

Absence

Jupiter indique de la paresse, de l'égoïsme, un manque de religion, un manque de dignité, des tendances vulgaires.

Saturne

Le mont de Saturne est situé sous le médius, le doigt du milieu. Saturne est triste, c'est le roi déchu du ciel. Saturne est aussi le temps qui dévore et qui est chargé d'exécuter les oeuvres du destin : c'est le mont de la fatalité (voir a) 2).

Qualités

Bien développé, Saturne apporte la prudence, la sagesse, la réussite malgré tout. Mais il indique aussi la plus extrême infortune.

Excès

Saturne apporte la tristesse, l'amour de la solitude, la taciturnité, une religion rigide, la crainte d'une vie vengeresse, le remords et, souvent, le goût du suicide.

Absence

Son absence indique une vie insignifiante et banale, ou le malheur.

Apollon

Apollon est situé sous l'annulaire, le doigt des anneaux d'or. Apollon est le dieu des Arts; il est noble et beau (voir a) 3).

Qualités

Apollon donne le goût des arts : littérature, poésie, musique, peinture, etc.

Il apporte aussi le succès, la gloire, l'intelligence, la célébrité, le génie et la lumière. Il donne tout ce qui brille et fait briller. Il procure l'espoir et la conviction d'un nom immortel. Il indique le calme de l'âme et la beauté. Enfin, il apporte la gloire, la célébrité et la richesse.

Excès

Trop développé, il indique l'amour de l'argent, du faste, de la dépense. Il signifie aussi le goût des riches étoffes et de la célébrité à tout prix.

Des modifications apportées par des lignes ou des signes sur ce mont indiquent la curiosité, la misère, la honte, l'entêtement dans l'insuccès.

Il peut indiquer la légèreté, le bavardage, l'envie et le paradoxe.

Absence

Si le mont est plat, cela indique une existence uniquement matérielle où la sensibilité et le côté artistique sont absents. Cela indique une vie dénuée d'art, ennuyeuse et monotone comme un jour sans soleil.

Mercure

Le mont de Mercure est situé sous l'auriculaire, appelé aussi le petit doigt. Mercure est le beau et élégant messager des dieux. C'est lui qui communique avec les hommes et qui leur apporte les avis du ciel (voir a) 4).

Qualités

Mercure apporte la science et l'intelligence d'un monde supérieur. Mercure indique aussi les travaux d'esprit, l'éloquence entraînante, le commerce, la spéculation intelligente, la fortune glorieuse, les inventions, la promptitude dans l'action.

Mercure révèle également l'agilité, l'amour du travail, des aptitudes pour les sciences occultes et pour tout ce qui est supraterrestre.

Excès

Si Mercure est trop développé, il indique des mains lestes et prestes, car Mercure était considéré comme le roi des voleurs. Il signifie donc le vol, la ruse, le mensonge, la banqueroute, l'ignorance prétentieuse.

Absence

L'absence du mont signale une vie plutôt négative et un manque d'aptitudes ou d'intérêt pour tout ce qui est science et commerce.

En plus de ces quatre monts, situés à la racine de chacun des doigts, la main possède d'autres monts non moins importants qui nous apportent des renseignements indispensables pour poursuivre notre analyse.

Mars

Le mont de Mars est situé entre la ligne de Coeur et la ligne de Tête, sous le mont de Mercure, et il empiète un peu sur la percussion (voir b) 1).

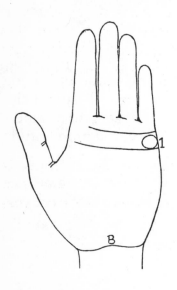

Mars est le dieu de la guerre. Il indique une nature martiale qui se manifeste dans tous les actes de la vie, que le sujet soit homme d'affaires, soldat ou meneur d'hommes. C'est le mont des personnes combatives qui aspirent à commander, à devenir des chefs, et qui y parviennent généralement.

Qualités

Mars donne le courage, le calme et le sang-froid devant le danger. Il apporte aussi la résignation, la domination de soi, la force de résistance, l'impétuosité en temps opportun.

Excès

Le surdéveloppement de ce mont est favorable. Mais il peut signifier la brusquerie, la colère, l'insouciance, la violence, le goût de la bagarre, la tyrannie et le défi.

Absence

L'absence de ce mont indique la lâcheté et le manque de sang-froid.

La plaine de Mars

C'est la partie de la main appelée communément le creux de la main.

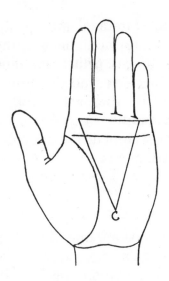

Elle part de la ligne de Coeur et se termine en pointe de tarte au centre de la main (voir c). Elle nous informe sur la vigueur physique ou morale de l'individu.

Qualité

Bien développée, la plaine de Mars désigne une personne loyale et fidèle dans ses amitiés. C'est celle qui ne reprend jamais sa parole et qui ne trompera jamais un ami.

Excès

Trop développée, elle indique la richesse, le besoin de dépenser. Elle dénote un surcroît d'énergie qui cherche à s'extérioriser par tous les moyens, surtout par des moyens violents tels les sports et la compétition.

Absence

S'il n'y a pas de plaine de Mars, c'est-à-dire pas de creux, cela signifie une pauvreté physique ou morale et un manque de ressort pour réagir et persévérer.

Le sujet est faible et manque de moyens de défense. Toute sa vie semble végétative et peu intéressante.

Le mont de la Lune

Le mont de la Lune est situé en face du mont de Vénus.

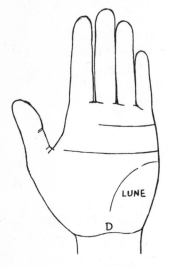

Contrairement aux autres monts, le mont de la Lune doit être bas, petit et dur. Il ne doit pas être trop développé (voir d). Tout est question d'harmonie et d'équilibre entre le mont de la Lune et les autres monts.

Qualités

La Lune apporte l'imagination et la mélancolie. Elle indique l'amour de la solitude et du silence. Elle procure aussi le rêve et les aspirations vers un autre monde.

Excès

Trop développé, le mont de la Lune indique des caprices, une imagination débridée et une irritation continuelle.

Si le mont de la Lune est couvert de lignes qui en augmentent l'influence, il indique la tristesse, la superstition, le fanatisme, les migraines.

Absence

S'il est tout à fait inexistant, il signale un manque d'idées, d'imagination, de poésie et de romantisme.

Le mont de Vénus

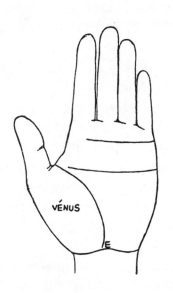

On appelle mont de Vénus la troisième phalange du pouce. Il est formé par la racine du pouce et il est encerclé, enclavé pour ainsi dire, par une grande ligne appelée ligne de Vie (voir e). Vénus n'est-elle pas la déesse de la beauté, la mère de l'amour et de la vie?

Qualités

Vénus apporte la beauté, la grâce et l'amour des belles formes. Le mont de Vénus indique le désir de plaire, le besoin d'aimer. Il signale aussi la charité envers les autres, la tendresse, et un attrait certain pour le plaisir des sens.

Excès

S'il est trop développé, il indique l'effronterie, la coquetterie, la vanité, la débauche et l'infidélité.

Absence

Si le mont est plat et dur, il indique la froideur, l'égoïsme, le manque d'énergie et de tendresse.

Pour résumer ce que nous venons de dire sur les monts, il faut retenir que chacun d'eux donne toujours une partie des qualités que nous venons d'énumérer, à moins que des signes ou des lignes viennent contredire ce qui a été dit plus haut.

Le travail de l'analyste est justement de les comparer entre eux, en les regardant un après l'autre et en les palpant entre son pouce et son index.

Il est facile alors de déterminer lequel est le plus développé et par conséquent, le plus fort.

C'est alors ce dernier qui a préséance. Tous les autres monts deviennent en quelque sorte ses sujets : il est le roi et ses sujets ne vivent que par lui, et pour lui.

Si, dans une main, le mont de *Jupiter* est plus apparent, plus développé que les autres monts, le sujet est alors possédé par une ambition démesurée et dévoré par un orgueil excessif. Les autres monts sont alors absorbés par lui et le serviront exclusivement chacun à sa manière.

Si, dans une autre main, le mont de *Mercure* semble dominer, la personne disposera de beaucoup de ruse et d'éloquence.

Si c'est *Apollon* qui domine, la séduction par les formes et les arts sera le but ultime de l'existence du sujet.

Si, dans une autre main, le mont de *Mars* domine, cela indique que l'audace et la témérité feront partie intégrante de la personnalité de cette personne. Elle ne sera heureuse que dans la lutte et dans la victoire.

Si *Vénus* domine les autres monts, plaire et séduire seront pour le sujet, les préoccupations constantes de son existence.

Si le mont de la *Lune* occupe une place exagérée, l'imagination et la rêverie teinteront de manière générale et continue la vie de cette personne.

Si c'est le mont de *Saturne* qui domine, la réussite, à moins d'indications contraires, sera certaine et sans équivoque.

5

La ligne de Vie

Toutes les mains possèdent des lignes qui apparaissent à la naissance et qui disparaissent complètement quelque 20 minutes après la mort.

Il y a d'abord la ligne de Vie qui entoure le pouce et délimite le territoire du mont de Vénus (voir a) 1).

Il y a ensuite la ligne de Tête qui est placée au centre de la main et qui semble la diviser en deux parties (voir a) 2).

Il y a également la ligne de Coeur qui limite l'expansion des monts placés à la racine des doigts (voir a) 3).

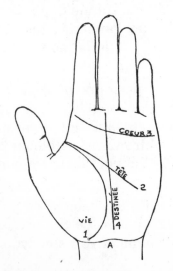

Il y a, pour terminer, la ligne de la Destinée, appelée aussi Saturnienne, qui part de la racette et qui monte en direction du médius (voir a) 4). Il peut y avoir d'autres lignes, comme la ligne de Chance, la ligne de Santé et la ligne d'Intuition, que nous aborderons d'ailleurs plus tard et qui peuvent être absentes dans certaines mains.

La ligne de Vie

La ligne de Vie a son point de départ dans l'espace situé entre la base de l'index et celui du pouce. Elle est tracée autour de la base du pouce. Elle délimite l'espace territorial du mont de Vénus.

La ligne de Vie est directement reliée au coeur, à l'estomac et aux organes vitaux. On l'appelle aussi la *Vitale*. Il est logique de prétendre que son rapport intime avec les organes vitaux du corps permet de révéler à l'avance la longueur d'une vie où seules les causes naturelles de décès interviennent.

Si la ligne de Vie présente un long tracé clair, sans aucune irrégularité et aucune rupture, elle assure la longévité, la vitalité et l'absence de maladie due à une bonne constitution.

Si, au contraire, la ligne de Vie est composée de chaînons, de cercles et de triangles, elle est le signe d'une santé chancelante, d'une faible résistance nerveuse et d'un manque de vitalité.

Avant d'aborder plus en profondeur l'étude de la ligne de Vie, il y a un aspect sur lequel j'aimerais insister. On me demande souvent: «Les lignes de la main changent-elles?»

Oui, elles peuvent changer. Une personne peut posséder une très belle ligne de Vie dans la main gauche, mais des abus, comme le stress, l'alcool et l'ambition démesurée, font que cette ligne peut devenir moins visible au fil des ans. L'extrémité de la ligne de Vie peut effectivement s'effacer.

Les maladies, comme les maladies cardiaques, se préparent pendant plusieurs années; on peut déceler une crise cardiaque latente dans la main gauche et voir son évolution dans la main droite.

Il est bon de rappeler ici les réflexions générales faites au début du volume.

Ce que je vois dans la main gauche fait partie du domaine des possibilités, car la main gauche nous indique notre destin. En fait, nos réalisations sont inscrites dans la main droite. Donc, il n'y a pas de fatalité absolue et ce que nous réserve l'avenir peut être changé par notre volonté et par nos décisions.

Pour moi, un signe dans la main gauche n'indique qu'une possibilité, qu'une hypothèse, et pour être certain qu'un événement arrivera il faut que le même signe se répète dans les deux mains. Et encore là, même s'il y a répétition, on peut encore changer, façonner son destin, car un signe de maladie présent dans la main droite peut s'estomper et disparaître suite à un changement de vie. Et je pense ici à des signes précurseurs d'infarctus qui ont disparu graduellement de la main droite après une ou deux années de vie plus calmes, entrecoupées de périodes de vacances plus nombreuses. Il faut se rappeler que l'on peut toujours changer son destin, ou du moins atténuer les effets négatifs indiqués dans notre main.

L'espérance de vie

Avant d'aller plus loin, il y a une autre question qu'on me pose souvent : «Si ma ligne de Vie est courte, est-ce que je vais mourir jeune?» Non, pas nécessairement. Une ligne de Vie courte n'indique pas toujours une vie courte. Pour plus de certitude, il faut examiner, en plus de la ligne de Vie, les autres lignes principales de la main.

Voyons d'abord la ligne de Vie. Comme l'indique l'illustration, une belle ligne de Vie, contournant entièrement le mont de Vénus, indique une espérance de vie de 90 ans (voir b) 1).

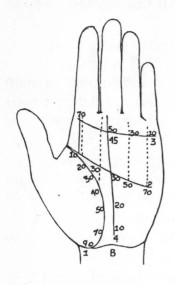

Sur la ligne de Tête, une ligne imaginaire partant du milieu de la base de chaque doigt et se rendant sur la ligne de Tête nous indique quelques points de repère. Nous avons alors 10 - 30 - 50 - 70 (voir b) 2).

Sur la ligne de Coeur, il faut procéder de la même façon, mais les âges ont leur point de départ à la percussion (voir b) 3).

Sur la Saturnienne, les âges partent de la racette et montent jusqu'à la racine du médius. Habituellement, son point de rencontre avec la ligne de Tête indique 30 ans, tandis que sa jonction avec la ligne de Coeur indique environ 45 ans. Pour faciliter l'interprétation, on peut subdiviser la première partie de la ligne en trois segments de 10 années (voir b) 4).

Cela semble relativement facile, mais c'est avec le temps que l'on acquiert une certaine assurance concernant la longévité d'une personne. Cependant tout demeure relatif à la position de la ligne de Tête et de la ligne de Coeur, lesquelles peuvent être placées plus ou moins hautes dans la main, et être plus ou moins longues.

Ce qu'on peut dire avec plus de certitude, c'est qu'une longue et belle ligne de Vie, accompagnée d'une belle et longue ligne de Chance, est le présage d'une belle et longue vie.

Avant d'aborder la ligne de Vie plus en détail, il faut toujours regarder l'apparence générale de la ligne. Si la ligne est large, comme en a), elle dénote une force et une robus-

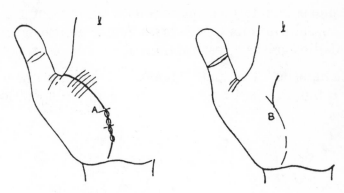

tesse physiques, surtout si elle forme une courbe ou un demi-cercle bien dessiné.

Si la ligne est plutôt fine, comme en b), elle indique une force nerveuse plus grande ainsi qu'une très forte volonté. Face à la maladie, une telle ligne opposera plus de résistance et luttera plus facilement qu'une ligne large et profonde.

Une ligne torsadée et formée d'anneaux (voir a) est un signe de mauvaise santé, surtout si la main est molle. Les mêmes marques dans une main ferme et solide dénotent une constitution robuste.

Si la ligne dessine une courbe au lieu de descendre tout droit (voir a), le sujet a tendance à tomber amoureux facilement. Il s'enflamme rapidement et cédera davantage à sa nature romantique et artistique.

Si la ligne de Vie semble commencer très haut, sur le mont de Jupiter (voir b), le sujet ne perd jamais le contrôle de ses émotions et sa vie est dominée par une ambition sans bornes : c'est un gagnant. La personne est en effet très ambitieuse puisque toute l'énergie de la ligne de Vie est orientée vers le mont de l'orgueil. Mais c'est presque toujours la réussite pour elle, surtout si la longueur de la ligne de Tête le confirme.

Examinons maintenant la ligne de Vie plus en détail.

Longue et bien formée, entourant complètement le mont
de Vénus, elle annonce une vie longue, heureuse, exempte
de maladies graves. C'est aussi un signe de bon caractère.

Si la ligne de Vie est pâle et creuse, elle indique une mauvaise santé, des instincts méchants et une disposition à
l'envie.

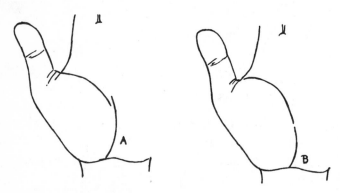

Si la ligne de Vie est brisée dans la main gauche mais
qu'elle continue, reprenant plus haut que la brisure et
empêchant, de ce fait, qu'un vide ne soit créé (voir a), cela
signifie que la personne a passé à deux doigts de la mort,
à cause d'un accident ou d'une maladie.

Il faut absolument que je vous raconte le fait suivant qui
illustre très clairement mon propos.

J'avais devant moi un homme d'environ 60 ans. Je lui dis :
«Vous, Monsieur, vous avez eu très peur de mourir, disons
vers 35 ans.» Il me répond : «Vous vous trompez, car je n'ai
jamais été malade.» Alors je lui explique : «Je ne sais pas,
mais si ce n'est pas une maladie, c'est lors d'un accident
où vous vous êtes dit : ''Je suis fini''.»

En lui disant cela, il me regarde plus intensément et
ajoute : «Vous avez raison, cela me revient. J'étais sur l'auto-
route, un soir de septembre, et à un moment donné j'aper-
çois deux phares dirigés vers moi : c'était un automobiliste
qui, prenant une bretelle de sortie pour une bretelle

d'entrée, fonçait droit sur moi. Je me suis dit que j'étais fini et j'ai braqué à gauche, à 90 degrés.

«Je me suis alors retrouvé dans le fossé, mon auto étant une perte totale. Mais moi, Dieu merci, je n'avais eu que la peur viscérale de mourir.»

C'est ce que je voulais lui dire en lui faisant cette réflexion : «Je suis fini.» Maintenant, il se rappelait cette même phrase qu'il avait formulée en lui-même 25 ans auparavant.

J'ai vu le même signe dans la main gauche d'une femme. Elle m'a confié que, lors de la naissance de son deuxième enfant, quand on l'a transportée à la salle d'accouchement, elle a eu la sensation profonde qu'elle allait mourir. Heureusement pour elle, tout s'est très bien passé.

Si cette brisure sur la ligne de Vie n'apparaît que dans la main gauche et n'existe pas dans la main droite, cela signifie que la personne aurait probablement dû être à un certain endroit, mais que les circonstances ayant fait qu'elle ne s'y trouvât pas, elle a évité la mort.

Vous vous souvenez peut-être de cette nouvelle parue il y a quelques années à propos d'une hôtesse de l'air qui, étant arrivée à l'aéroport cinq minutes trop tard parce que son réveille-matin n'avait pas sonné, vit l'avion décoller sans elle. Elle apprit quelques heures plus tard que tous les passagers avaient péri dans l'écrasement de celui-ci. Sans avoir vu les mains de cette hôtesse, je suis certain que la ligne de Vie de sa main gauche était brisée, mais que celle de sa main droite ne l'était pas.

Il est important pour moi de vous raconter tout cela, car il ne faut jamais oublier qu'un signe dans la main gauche ne veut pas nécessairement dire que cela arrivera. Il faut toujours se rappeler que la main gauche indique le destin et que la main droite indique la réalisation de ce même destin. Il faut retenir aussi qu'un événement ne se produira que si le même signe se répète dans les deux mains.

Si la ligne de Vie est brisée dans les deux mains et qu'il y ait un espace vide avant la reprise de la ligne de Vie (voir b), on peut présumer que la mort est inévitable. Il est nécessaire de confirmer l'espérance de vie par la longueur des trois autres lignes qui nous renseignent sur l'âge possible de la mort.

J'aimerais maintenant souligner un aspect important. Si la mort est physique, la ligne de Vie ne continue pas. Mais si la ligne de Vie continue, après une brisure ou un vide, la mort est plutôt d'ordre cérébral ou psychologique. J'ai vu une main dans laquelle il y avait un vide d'environ un an et après lequel la vie reprenait avec autant de vigueur qu'auparavant. Effectivement, cette personne avait passé un an à l'hôpital, entre la vie et la mort. Tous les pronostics ne lui donnaient aucune chance de revenir à la santé et, pourtant, elle est aujourd'hui bien portante.

Outre la maladie physique, ce vide peut signifier aussi un moins grand désir de vivre, un creux psychologique qui accompagne souvent une dépression nerveuse surtout si le mont de la Lune est plat et déprimé et que la ligne de Tête descend profondément sur celui-ci.

Cette rupture, soit physique, soit psychologique, ne peut être alors que passagère et il importe d'examiner ce qui arrivera après. Si la ligne de Vie est aussi belle, aussi visible et aussi forte qu'avant la brisure, cela indique que la personne recouvrera complètement la santé et qu'aucune trace fâcheuse ne persistera.

Si la ligne de Vie est coupée par une multitude de petites lignes capillaires horizontales, parfois visibles seulement à la loupe (voir a), cela signifie de nombreuses maladies et des soins constants du médecin.

Si ces petites lignes capillaires sont en grand nombre tout au début de la ligne de Vie, cela indique une enfance malheureuse durant laquelle l'enfant a été incompris, mal aimé et mal dans sa peau. Ces malaises ont peut-être été

causés par une situation familiale difficile, comme la séparation ou le divorce des parents.

Avant d'aller plus loin dans l'étude de la ligne de Vie,
j'aimerais insister sur un principe général qu'il ne faut
jamais oublier et qui s'applique non seulement pour les
lignes partant de la ligne de Vie, mais aussi pour toutes
les lignes secondaires partant des autres lignes principales de la main : les lignes montantes sont toujours positives et les lignes descendantes sont toujours négatives.

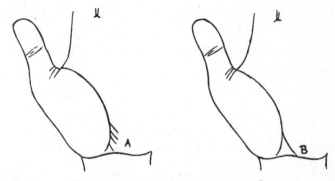

Si la ligne de Vie se termine en jetant des rameaux vers
le poignet, cela indique perte d'argent et pauvreté dans la
vieillesse (voir a).

Si, par contre, la ligne de Vie se termine par un seul
rameau, cela signifie (voir b) que la personnalité de l'individu évoluera considérablement, à l'âge indiqué par la naissance de la fourche : il deviendra, en quelque sorte, une
autre personne.

Tout ce qui aura été important pour lui, jusque-là,
deviendra très secondaire. Cette personne aura d'autres
ambitions, d'autres rêves, d'autres intérêts dans la vie. Elle
verra celle-ci avec des lunettes différentes. Cette métamor-
phose se fera graduellement, insensiblement. Ce changement de personnalité peut survenir brusquement aussi, à
la suite, par exemple, d'un accident, ou d'un veuvage.

Son entourage constatera petit à petit le changement. On dira : «Elle n'est plus la même», ou bien «Elle raisonne de façon différente.»

Et la personne elle-même, constatant le changement, se dira intérieurement : «Il y a deux ans ou trois ans, je n'aurais pas fait cela, je ne serais pas allé là.» Cette personne est donc devenue complètement différente. Si, pour elle, l'épargne était importante, elle se mettra alors à dépenser; si elle n'avait jamais voyagé, elle deviendra comme Ulysse et parcourra les continents.

On peut déterminer approximativement à quel âge se produira ce changement en se référant aux âges-repères que nous avons vus précédemment sur la ligne de Vie.

Ce changement peut être psychologique, comme nous venons de le voir, mais il peut aussi être physique. Cela veut dire que la personne déménagera dans un autre pays, en Floride par exemple, pour y vivre de façon permanente. Cela indique alors un changement physique de résidence.

Le changement psychologique peut être le résultat graduel d'une démarche intérieure. Il peut être aussi provoqué par une cause extérieure : mort d'un être cher, retraite, ou prise de conscience de la brièveté de la vie. La disparition subite d'un ami ou d'une connaissance qui, malheureusement, se promettait de réaliser tous ses rêves après 60 ans et qui meurt à 59 ans, peut être un déclencheur de ce changement.

Si la ligne de Vie est unie à la ligne de Tête et à la ligne de Coeur, cela peut être le présage d'un malheur ou d'une mort violente, car la vie est en péril lorsque la tête et le coeur sont entraînés aveuglément vers le danger par la puissance de l'instinct vital (voir a).

Si la ligne de Tête est collée à la ligne de Vie (voir a), cela dénote une timidité excessive et un manque de confiance en soi. La réussite sera due beaucoup plus au mérite personnel et à la ténacité, qu'à l'audace du sujet.

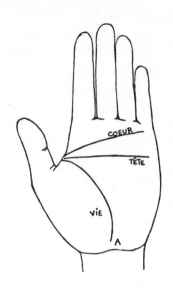

Une ligne de Tête qui ne semble pas vouloir laisser la ligne de Vie, qui semble s'accrocher à elle jusqu'à descendre même un peu, dénote une influence parentale exagérée. On peut dire que le sujet a été surprotégé durant l'enfance, au-delà de sa quinzième ou seizième année peut-être. L'enfant a souvent fait ce que ses parents désiraient qu'il fasse, plutôt que de suivre ses propres désirs.

L'enfant de 9 ou 10 ans commence déjà à s'émanciper, à s'affirmer : il s'attarde après l'école, il entre plus tard que permis après le souper, etc. Celui-là possède une ligne de Tête complètement séparée de la ligne de Vie.

Au contraire, celui dont les deux lignes ont peine à se quitter laissera ses parents organiser sa vie et suivra à la lettre les directives données; il restera timide, il manquera de confiance en lui. L'opinion de ses parents comptera beaucoup pour lui... beaucoup trop.

Si des lignes partent des deux côtés de la ligne de Vie, soit vers l'intérieur du mont de Vénus, soit vers l'extérieur, en direction des monts à la base des doigts, cela indique qu'à l'âge mentionné par ces lignes la personne aura une plus grande énergie vitale et que des changements positifs de situation, comme une promotion ou un changement de carrière, surviendront (voir a) 1).

Quelques mains possèdent une deuxième ligne de Vie à l'intérieur du mont de Vénus, donnant ainsi l'impression que la ligne de Vie est double (voir a) 2). Cette seconde ligne, appelée ligne de Mars, vient alors multiplier par

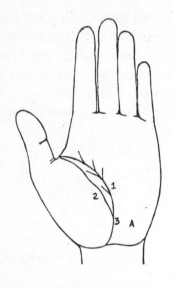

deux les qualités de la ligne principale. Si la ligne de Vie est bien formée, la santé est excellente jusqu'à la fin de la vie. Si la ligne de Vie indique des maladies ou un manque de vitalité, cette deuxième ligne vient réparer et effacer les appréhensions et les craintes que la ligne de Vie suggère.

Ce signe est excellent dans les mains des soldats et de ceux qui mènent une vie dangereuse.

Cette ligne indique un tempérament robuste et batailleur, enclin à rechercher les dangers et les querelles.

Si la ligne de Mars est profondément tracée et rouge, elle renforce les présages d'accidents et de dangers indiqués dans les autres parties de la main.

Si vous comparez la ligne de Mars avec la ligne de Tête et que cette dernière est faiblement marquée, c'est le signe d'une tendance à l'alcool et à toutes sortes d'intempérances.

Si la ligne de Mars coupe la ligne de Vie, le point de rencontre indique habituellement l'âge de la mort, conséquence fatale de ces intempérances (voir a) 3).

Des lignes partant de la ligne de Vie et montant vers les monts de Saturne ou d'Apollon annoncent toujours la réussite par le mérite personnel. L'année de cette réussite est indiquée, au point de départ, sur la ligne de Vie (voir a).

Si la ligne se dirige franchement jusqu'au mont de Jupiter, elle indique un succès financier (voir a) 1).

Si la ligne se dirige vers le mont d'Apollon, elle annonce la gloire et la célébrité (voir a) 2). La célébrité demeure tou-

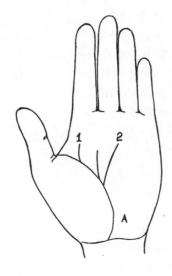

tefois relative : elle peut être à l'échelle mondiale comme à un niveau plus restreint (province, ville, ou patelin).

Si des rameaux forts partent du mont de Vénus, traversant la ligne de Vie et la ligne de la Destinée, ils indiquent que l'amour dérange et détruit la destinée : c'est signe de divorce, de séparation, etc. (voir b) 1).

Une croix ou une étoile, sur la ligne de Vie, indiquent une infirmité mortelle si elles apparaissent dans les deux mains (voir b) 2). Si elles ne sont que dans une main, elles prédisent un danger de blessure grave qui peut aller jusqu'à l'amputation d'un membre.

Une ligne partant de la fin de la ligne de Vie (voir b) 3) et se dirigeant vers le mont de la Lune indique des rhumatismes ou la goutte.

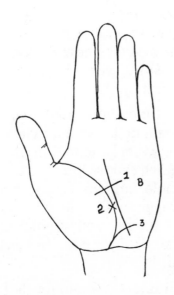

Même si elles sont courtes, les lignes montantes indiquent une grande énergie. L'année où prennent naissance, sur la ligne de Vie, les lignes montantes peut être considérée comme une époque où le sujet a fait un effort très particulier pour atteindre un des buts essentiels de sa destinée.

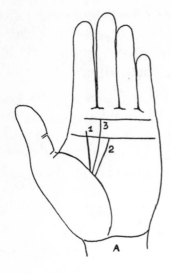

Les lignes montant vers Jupiter (voir a) 1) indiquent que le sujet possède une très grande ambition et aspire à des situations de pouvoir et d'autorité.

Si cette ligne, cependant, est arrêtée à la ligne de Tête, cela indique que le sujet, par une erreur de jugement, a brisé ou détourné un effort bien amorcé, dont l'issue s'annonçait pleine de promesses (voir a) 2).

Si cette ligne rejoint la ligne de Coeur et s'y arrête, cela indique que des affections et des amours ont entravé la marche et les efforts du sujet vers le succès (voir a) 3).

Si une ligne ascendante, partant de la ligne de Vie, se dirige vers la ligne de la Destinée et, sans se joindre à elle, semble poursuivre un tracé indépendant, elle indique que le sujet poursuivra une sorte de seconde destinée (voir b) 1).

Si une ligne partant de la ligne de Vie touche la ligne de la Destinée sans la traverser, cela augure toujours un heureux présage, surtout si la ligne de la Destinée paraît plus fortement marquée au point de jonction (voir b) 2).

Le point de départ de ces lignes, qui partent de la ligne de Vie et se dirigent soit vers Jupiter, Saturne, Apollon ou Mercure, nous renseigne toujours sur la date approximative où ces événements heureux se produisent.

6

La ligne de Tête

Après avoir examiné la ligne de Vie, regardons maintenant la ligne de Tête. Cette ligne est considérée comme étant la plus importante. C'est pourquoi il faut lui accorder la plus grande attention, afin d'obtenir une connaissance précise de la personnalité qui est devant nous.

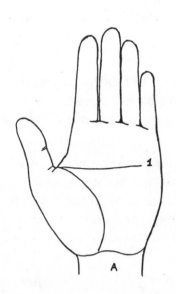

La ligne de Tête prend naissance entre le pouce et l'index et traverse la main horizontalement. Elle peut être reliée à la ligne de Vie, qu'elle quitte le plus tôt possible (voir a) 1).

Si la ligne de Tête est longue et droite, elle indique une volonté forte, un jugement sain et un esprit lucide.

Elle avance toujours, calme, traversant la plaine de Mars et se terminant sur le mont de Mars.

Une telle ligne est inscrite dans les mains de ceux qui traversent les luttes de la vie sans les éviter, sans les craindre, sachant au contraire s'en faire des auxiliaires pour réussir. La ligne de Tête indique donc des qualités pour le combat : l'énergie, la prudence, la constance, le sang-froid.

Si la ligne de Tête est très très longue et très droite, c'est signe d'économie, peut-être d'avarice, car elle indique un excès de raison, un excès de calcul.

Une ligne de Tête qui barre la main dans toute sa largeur est un signe heureux pour le sujet qui la possède, mais ce l'est moins pour son entourage. C'est la marque de l'égoïsme, de l'avarice, du calcul en tout et pour tout. Cette personne est autoritaire, intransigeante. Il est vrai qu'elle peut contrôler ses instincts, mais elle a beaucoup de difficulté à comprendre l'altruisme et l'amour.

Il est très important de signaler ici que la ligne de Tête doit être soigneusement comparée dans les deux mains. La plus petite différence, la plus petite déviation entre la main gauche et la main droite doit être retenue.

Si la ligne de Tête est exactement la même dans les deux mains (même longueur, par exemple), le sujet n'a pas subi de contraintes dans son enfance et il a grandi dans d'heureuses et favorables conditions.

Cela peut signifier aussi que cette personne n'a pas développé toutes ses potentialités, toutes ses possiblités intellectuelles et qu'elle n'a eu qu'à se laisser porter par les événements.

Ce qui est beaucoup plus positif pour la personne, et c'est ce qui arrive habituellement, c'est que la ligne de Tête soit plus longue dans la main droite que dans la main gauche. Cela signifie que le candidat a développé au maximum ses capacités intellectuelles et a surmonté les obstacles pour y arriver.

La ligne de Tête est aussi la ligne de l'intelligence. Si elle se rend jusqu'à l'annulaire, elle révèle une personne qui comprend rapidement et qui possède une certaine facilité pour les études.

Cela me rappelle une anecdote qui m'est restée dans l'esprit fort longtemps. Le garçon qui était devant moi avait, dans la main gauche, une ligne de Tête très longue. Je lui dis alors : «Tu devais être très bon à l'école, car tu es intelligent.» Il me répondit : «Vous vous trompez, je ne valais rien.» Je regardai aussitôt dans sa main droite, car il faut vous dire que je n'étudie pas les deux mains en même temps; je commence toujours par scruter le destin dans la main gauche, avant d'examiner les réalisations qui sont inscrites dans la main droite. Je regardai donc dans sa main droite, et effectivement sa ligne de Tête était moins longue que dans sa main gauche. Je lui rétorquai alors : «Tu devais être paresseux ou, pour le moins, pas intéressé.» Il me répondit : «Cette fois vous avez raison, je détestais l'école.»

Depuis ce temps, je ne dis plus à une personne qu'elle était bonne à l'école, mais qu'elle aurait pu l'être si elle avait voulu.

Si la ligne de Tête, après avoir traversé la plaine de Mars, descend du côté du mont de la Lune, cela signifie que la personne verra la vie en artiste et sera portée à confondre le rêve avec la réalité.

Cependant une pente douce et une inclinaison normale vers le mont de la Lune sont pour moi très positives, car elles apportent un peu de rêve et de souplesse face à la dure réalité de la vie (voir b) 1).

Il faut toujours se rappeler que l'excès devient nuisible et que tout est relatif. C'est toute la main qui doit être vue dans son ensemble, et je le redis ici : *un signe dans la main gauche n'indique rien s'il n'est pas répété dans la main droite.*

Une ligne de Tête qui descend vers le mont de la Lune dénote aussi une personne souple qui s'adapte aux circonstances et qui ne craint pas les changements (comme un déménagement, des progrès technologiques au bureau, une nouvelle définition de tâche, etc.). Cela en fait un parte-

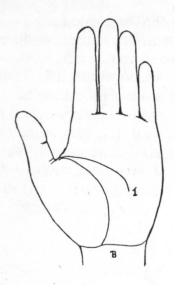

naire idéal pour un travail en comité ou un travail de groupe.

Si une longue ligne de Tête est signe d'intelligence, cela ne veut pas nécessairement dire qu'une ligne de Tête courte est signe de sottise. C'est plutôt un signe d'insouciance, de paresse physique ou intellectuelle. Le sujet n'a pas le goût de se battre, il se laisse aller : ce qui l'intéresse, c'est de survivre; il n'a aucune ambition.

Si la ligne de Tête de la main gauche présente une fourche à son extrémité, et que cette dernière n'existe pas dans la main droite, cela signifie que le sujet a hérité de deux tendances : une tendance pratique, indiquée par la branche horizontale, et une inclination à la rêverie (imagination), indiquée par la branche descendant vers le mont de

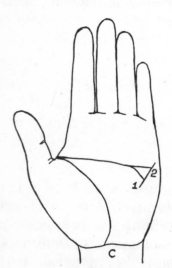

la Lune. Le sujet a cependant choisi de développer le côté pratique de son hérédité et il se dirigera plutôt du côté des affaires ou des sciences (voir c) 1).

Si cette fourche est fermée par une ligne et dessine, par le fait même, un triangle, cela indique beaucoup de diplomatie (voir c) 2).

Si elle occupe un poste d'autorité, cette personne saura parler à ses subordonnés, et lorsqu'elle devra dire des choses désagréables, elle aura beaucoup de tact et de délicatesse : elle agira toujours avec diplomatie. Mais comme tous les diplomates, elle aura tendance quelquefois à farder la vérité et dira les choses les plus fausses avec un accent profond de sincérité.

La ligne de Tête qui descend et entre dans le mont de la Lune indique que le sujet n'envisage pas toujours la vie sous son angle réel : il est porté au pessimisme et a tendance à se laisser aller à la rêverie (voir d) 1).

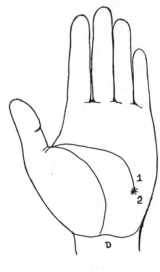

Lorsque la ligne descend trop bas et porte une étoile à son extrémité, nous avons affaire à des poètes, des artistes, et quelquefois à des déséquilibrés (voir d) 2).

Lorsque l'extrémité de la ligne de Tête remonte vers Mercure, ou y envoie un rameau, cela indique du savoir-faire, du flair dans les affaires, de l'égoïsme, et un désir intense de gagner de l'argent (voir a).

Une ligne de Tête qui débute à l'intérieur de la ligne de Vie (voir b) 1) annonce une nature hypersensible, très nerveuse, un peu soupe au lait et très susceptible, qui se trouble pour des riens et amplifie les difficultés. Ces personnes ont tendance à faire flèche de tout bois; elles se querellent constamment à propos de bagatelles.

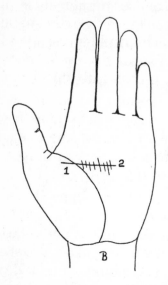

Une ligne de Tête faible et pâle qui s'efface dès le milieu de la main, surtout si elle est traversée par une infinité de petites lignes très fines (voir b) 2), indique une certaine forme chronique d'insécurité et d'insanité. Dans certains cas, la folie est à craindre.

On retrouve une ligne semblable chez des sujets enclins à l'alcool et à l'intempérance ou qui nourrissent un malsain besoin de drogue.

Si ces signes sont inscrits dans la main gauche seulement, ils n'indiquent que des tendances profondes. Il faudra voir dans la main droite si ces dernières se développeront. L'éducation donnée par les parents devient ici particulièrement importante : l'apprentissage du contrôle de soi, et cela très tôt dans la vie, s'avère primordial.

Ce qu'il faut retenir de la ligne de Tête, c'est que lorsqu'elle est liée à la ligne de Vie, le sujet est plutôt timide et renfermé, il manque de confiance en lui, mais il possède un jugement sain, surtout si la ligne de Tête est longue.

Cette personne réfléchit avant d'agir, elle est prudente, elle analyse le pour et le contre avant de faire quelque chose d'important. Elle ne jette pas son argent par les fenêtres et a tendance à être plus parcimonieuse que prodigue.

Lorsque la ligne de Tête est trop longue, elle indique un esprit dominateur, despotique, qui impose sa volonté et dont le voisinage peut être quelquefois difficile.

Ces personnes possèdent des qualités innées de meneurs, de chefs. Elles sont autoritaires et persévérantes. Possédées par une très grande ambition, elles ont des idéaux à atteindre et rien ne les détournera de leur but. Elles ont aussi la faculté de prendre des décisions rapidement, autant dans leur vie personnelle que dans leur vie professionnelle. Elles accèdent habituellement à des postes de responsabilités et d'autorité.

Une longue ligne de Tête indique un succès certain dans toutes les entreprises. Cela ne veut pas dire qu'il n'y aura pas de hauts et de bas; cela signifie que si le sujet désire fortement une chose et qu'il ne l'obtient pas, cela vaut mieux ainsi car après quelque temps (de un mois à six mois environ), il réalisera qu'un autre projet s'offre à lui et qu'il est beaucoup plus profitable que le précédent. Ce deuxième projet aurait été impossible à saisir si le premier s'était réalisé. Ce qui lui semblait une malchance, un insuccès au départ, se révélera donc, avec le temps, beaucoup plus positif. C'est dans ce sens qu'on peut dire qu'une longue ligne de Tête annonce une vie remplie de succès.

Séparée de la ligne de Vie, la ligne de Tête révèle un esprit audacieux, sûr de lui. Le sujet est un fonceur qui ne «s'enfarge pas dans les fleurs du tapis» (voir c) 1).

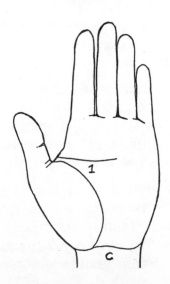

Si les monts de Mars et de Saturne sont très développés, cela peut indiquer une témérité excessive.

Je conseille à ces gens très actifs de contrôler leur impulsivité, de réfléchir avant d'agir et de remettre au lendemain les décisions importantes qu'ils ont à prendre car, la nuit porte conseil.

Pour ces personnes, l'argent occupe une place importante, mais ce n'est pas pour le garder, c'est pour le dépenser. Ce sont de vrais paniers percés; l'argent n'est pas un but en soi, mais un moyen pour mieux vivre.

Ces gens sont habituellement incapables de se soumettre à un horaire ou à un programme rigides : rien ne les fatigue plus que la monotonie; ils aiment l'imprévu, les décisions de dernière minute. Ils peuvent aussi bien souper à six heures, le lundi, à sept heures, le mardi, à huit heures, le mercredi. Ils sont fébriles, ne restent pas en place. Ils adorent vivre dangereusement, aller à la limite de leur capacité physique ou intellectuelle, faire de la haute voltige.

Dans les mains où la ligne de Tête est séparée de la ligne de Vie, il faut examiner, en plus de ces deux lignes, la ligne de la Destinée pour voir s'il n'y aurait pas risque d'accident, ou de mort subite, conséquence d'une trop grande témérité.

Voici ce que j'ai déjà vu dans la main d'un jeune homme de 30 ans environ :
— ligne de Vie courte : environ 35 ans (voir d) 1);
— ligne de Tête courte : environ 30 ans (voir d) 2);
— ligne de Chance : environ 32 ans (voir d) 3).

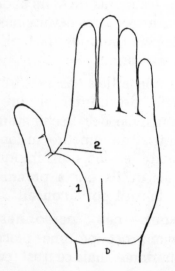

Ces trois lignes avaient la même longueur dans les deux mains.

Un étrange sentiment s'est alors emparé de moi lorsque j'ai réalisé ce que je voyais. Je me suis senti bouleversé, j'avais peine à m'exprimer.

Il était évident que cette personne, par suite d'un accident de voiture, mourrait de mort subite, conséquence d'une trop grande témérité.

Je ne pouvais pas lui prédire, bien sûr, une vie longue et heureuse... et j'essaie toujours de dire la vérité.

D'un autre côté, je ne pouvais lui confier ce que je ressentais, et ce qui était inscrit dans ses mains. D'abord parce que, même si les signes de mort violente apparaissaient dans les deux mains, il ne pouvait y avoir de certitude absolue : je ne suis pas Dieu, je peux me tromper. Deuxièmement, je ne me reconnais pas le droit de dire des choses qui, pouvant avoir pour moi une certitude relative, peuvent mettre en péril la confiance, l'optimisme et la joie de vivre que sa ligne de Coeur révélait.

J'ai alors insisté sur l'importance de la prudence et de la réflexion avant d'agir. Je lui ai signalé le danger d'accident de voiture vers l'âge de 35 ans, sans cependant lui signifier les suites de cet accident. Et après avoir terminé l'interprétation des lignes de ses mains, je l'ai regardé partir avec une larme au coin du coeur.

Des particularités sur la ligne de Tête indiquent des événements soit d'ordre physique, soit d'ordre psychologique.

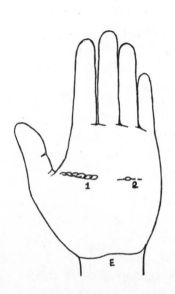

Une ligne de Tête qui a l'apparence d'une chaîne, d'une torsade, indique des migraines (voir e) 1). Si elle est brisée ou si elle comprend des îles, cela indique un danger de blessure à la tête (voir e) 2).

Cela peut être également un signe de stress ou de désarroi psychologique, comme une dépression. L'âge peut être prédit en se référant aux repères sur la ligne de Tête.

Lorsque la ligne de Tête est brisée en deux tronçons superposés sous le mont de Saturne, cela peut indiquer quelquefois la mort sur l'échafaud (voir a) 1).

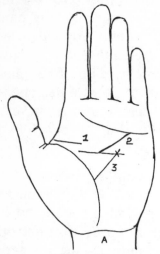

Une ligne de Tête double indique héritage ou présage très heureux.

Quand la ligne de Tête rejoint la ligne de Coeur, c'est toujours signe de déséquilibre physique ou sentimental (voir a) 2).

La croix indique le divorce quand elle est réunie à la ligne de Vie par une ligne coupant la ligne de Tête (voir a) 3).

Voilà, en bref, les principaux signes qu'il faut retenir et examiner dans sa main lorsqu'on analyse sa ligne de Tête.

7

La ligne de Coeur

La ligne de Coeur est la première ligne posée horizontalement au sommet de la paume; elle délimite l'espace occupé par les monts, à la base des doigts (voir a).

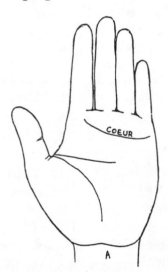

La surface comprise entre la ligne de Coeur et la base des doigts indique le degré d'assimilation et les possibilités d'adaptation du sujet. Plus cette distance est grande, plus souple est le sujet.

Comme nous l'avons vu lors de la détermination des âges-repères, la ligne de Coeur part de la percussion, c'est-à-dire du côté de la main, pour s'avancer en direction de Jupiter, contrairement aux lignes de Vie et de Tête qui prennent naissance à la base de ce mont.

La ligne de Coeur doit être belle, profonde, nette et bien colorée. Si elle monte se blottir entre la racine de l'index et du majeur (voir a), elle désigne une personne optimiste, aimant la vie, qui apprécie les joies terrestres et sait profiter des plaisirs de l'amitié et des rencontres sociales : en un mot, vous êtes en face d'un bon vivant. Cela peut signifier aussi un amour malheureux ou une faiblesse cardiaque si d'autres signes dans la main viennent corroborer ces appréhensions.

Une telle ligne de Coeur annonce une personne sensible, tendre et affectueuse, toujours prête à rendre service. Toute sa vie sera guidée par son coeur et ses sentiments. Ces personnes tombent amoureuses facilement et peuvent connaître durant leur vie des coups de foudre à répétition.

Bien dessinée, nette, simple et régulière, elle indique la constance dans les affections ainsi que la bonté et la fidélité envers ses amis.

Si la ligne de Coeur est droite et se termine sous Saturne, elle indique un plus grand contrôle des émotions, une prudence plus marquée face à l'amour. Cela se confirme si la ligne de Tête est unie à la ligne de Vie (voir b).

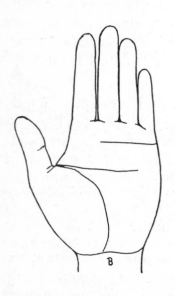

Une telle ligne de Coeur indique une capacité d'aimer aussi grande, bien sûr, que celle qui s'élève entre l'index et le majeur, mais elle signifie moins d'impulsivité, plus de réalisme en amour. L'amour ne croîtra que progressivement : il sera plus profond, plus sérieux, plus durable qu'un coup de foudre. Une ligne de Coeur droite saura toujours rester maîtresse de la situation : le coeur suivra les directives de la raison.

Une ligne de Coeur qui descend vers la ligne de Tête signale une personne qui, inconsciemment bien sûr, est attirée par les amours difficiles et les situations amoureuses conflictuelles (voir c).

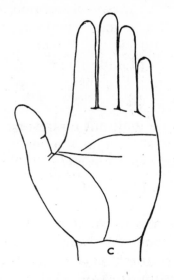

Si une femme rencontre un homme possédant une telle ligne de Coeur, elle devra, pour le retenir, être indépendante, le faire un peu souffrir, semer le doute dans son esprit et, surtout, ne jamais lui déclarer son amour.

Ce type d'homme doit avoir l'impression que la conquête n'est jamais définitive, qu'il doit se battre pour gagner l'amour des femmes.

Une ligne de Coeur excessivement longue, surtout si elle commence et se termine par des rameaux, indique de grandes et profondes affections.

Si des rameaux terminent la ligne de Coeur sur le mont de Saturne, c'est un signe de réussite financière grâce au travail de l'individu (voir d) 1).

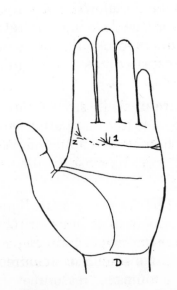

Il arrive quelquefoisqu'aucune autre indication de richesse ne soit visible dans la main des gens qui ont réussi.

Si les rameaux s'épanouissent en montant sur le mont de Jupiter, le sujet sera, ou aura été aidé par de puissantes relations (voir d) 2).

Si la ligne de Coeur est droite et sèche comme une épée, barrant toute la main, elle indique de l'égoïsme et quelquefois de la cruauté et de la violence.

Une ligne de Coeur courte (arrêt sous Saturne) annonce une vie brève si d'autres signes dans la même main viennent le confirmer (voir les lignes de Vie, de Tête et de la Destinée). Elle révèle en outre, en plus de l'égoïsme, la dureté et la sécheresse du coeur et une propension à la vengeance, ignorant la clémence et la charité.

Une ligne de Coeur composée de maillons ou traversée par une infinité de petites lignes indique une nature inconstante, incapable d'affections durables (voir e).

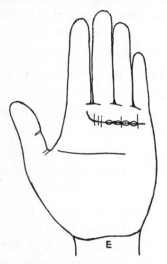

Une ligne de Coeur moins visible que les autres lignes, pâle et sans vigueur, signale une incapacité pour les affections durables et profondes. Une ligne de Coeur brisée est le présage d'un amour brisé, d'une tragédie qui bouleversera la vie affective de l'individu et lui laissera au coeur une cicatrice éternelle.

Une ligne de Coeur qui se rapproche de la ligne de Tête, donnant ainsi l'impression d'une soucoupe, indique un esprit obtus et mesquin (voir f) 1).

Une double ligne de Coeur, surtout si elle se termine en fourche sur le mont de Jupiter, dénote une circulation sanguine déficiente : il faut alors rechercher si d'autres signes, dans la main, indiquent un danger de crise cardiaque (voir f) 2).

Si jamais vous voyez, ce qui est très rare, une seule ligne faisant à la fois office de ligne de Coeur et de ligne de Tête, et que cette seule ligne Tête-Coeur traverse la main de part en part, elle signale une nature intensément concentrée. Quand elle aime, elle fait appel à toutes les ressources de

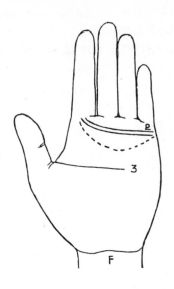

son intelligence et elle jette dans la balance toute son âme et tout son coeur.

C'est le signe extérieur des extrémistes; ils sont opiniâtres et ne connaissent pas la peur. L'intensité de leurs émotions, et de toute leur vie, peut faire craindre une mort violente et subite (crise cardiaque), surtout si cette ligne est profonde et rouge (voir f) 3).

Quand la ligne de Coeur se termine par une fourche, un embranchement se rendant sur Jupiter et l'autre allant se blottir entre l'index et le majeur, c'est la promesse d'affections heureuses (voir g) 1).

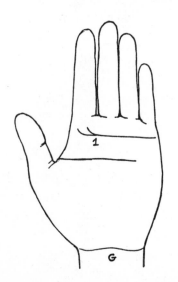

Il ne faut jamais oublier qu'un seul signe défavorable ne suffit pas pour prédire une catastrophe. Le concours de plusieurs signes funestes, dans la même main, est nécessaire.

Un signe funeste isolé est l'avertissement d'un danger qui se présentera, mais qui pourra être évité en en examinant les causes qui sont toujours indiquées dans la main : l'ampleur de tel ou tel mont, la forme de telle ou telle ligne, ainsi que des diagonales, des croix et des étoiles qui, placées à certains endroits dans la main, ont une influence pernicieuse.

Et même si toutes ces lignes et tous ces signes concouraient à annoncer un danger, celui-ci pourrait encore être évité, ou du moins atténué de beaucoup, par la volonté et la prudence.

8

Les caractéristiques des lignes

Avant d'aller plus en profondeur dans l'étude des lignes de la main, il me semble utile de signaler dans quel esprit il faut aborder leur examen.

Nous avons vu que les monts donnent des qualités diverses, plus ou moins grandes, selon que leur développement est plus ou moins important.

La même règle prévaut pour les lignes : les qualités qu'elles apportent dépendent du degré de perfection de leurs formes, de la longueur de leur parcours et de leurs couleurs.

Le principe général qu'il faut retenir c'est que toute ligne pâle et large annonce un défaut ou, si l'on préfère, l'opposé de la qualité attribuée à cette ligne.

Différentes catégories de lignes

Les lignes bien marquées ont une teinte rose ou rougeâtre.

Les lignes très pâles manquent de force; il y a absence d'énergie et la santé est faible.

Les lignes rouges dénotent un débordement d'énergie et un caractère violent.

Les lignes jaunes annoncent la possibilité de problèmes de foie ou de vésicule biliaire.

Différentes formes de lignes

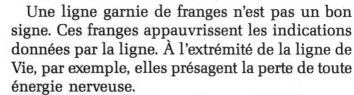

Les lignes fourchues sont généralement bonnes et augmentent la valeur des prédictions.

Des taches sur une ligne arrêtent sa croissance et marquent un affaiblissement de celle-ci.

Une ligne garnie de franges n'est pas un bon signe. Ces franges appauvrissent les indications données par la ligne. À l'extrémité de la ligne de Vie, par exemple, elles présagent la perte de toute énergie nerveuse.

Les lignes ondulées indiquent un manque de force et un caractère indécis.

Les lignes brisées détruisent le sens de la ligne. Si les brisures se chevauchent et qu'il n'y a pas de vide, les événements sont moins graves.

Les lignes jumelles augmentent ou doublent l'importance de la ligne.

Les îlots sont toujours mauvais : ils indiquent une faiblesse ou une faillite de la ligne.

Les lignes ascendantes sont toujours positives.

Les lignes descendantes sont négatives et annoncent une diminution de puissance.

9

Les lignes de mariage ou d'amour

On me demande souvent, lors des consultations : «Vais-je me marier?» Je réponds toujours : «Écoutez, les lignes indiquent une affection, un amour profond. La question de la reconnaissance sociale de votre union est secondaire, car l'amour est ce qu'il y a de plus important.»

Il y a des gens qui se marient par amour et d'autres qui se marient sans grand amour véritable mais plutôt par nécessité ou intérêt.

C'est pourquoi les lignes de mariage sont appelées lignes d'amour ou d'affection.

La ligne ou les lignes d'affection sont cet ensemble de lignes horizontales que l'on retrouve sous l'auriculaire, sur le côté du mont de Mercure ou tranchant de la main.

Elles sont situées entre la racine du petit doigt et la ligne de Coeur (voir a) 1).

Ces très courtes lignes indiquent les affections profondes ou les unions souhaitées.

Pour déterminer l'âge approximatif de ces affections, il faut comparer la largeur de l'espace compris entre la ligne de Coeur et la racine du petit doigt à l'espérance de vie du sujet. Si la personne a une espérance de vie d'environ 60 ans, et que la ligne d'affection est au centre de l'espace,

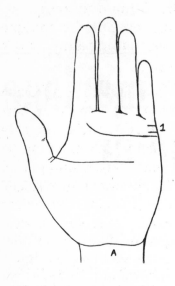

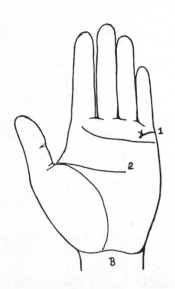

on peut dire que le mariage aura lieu vers 30 ans, à deux ou trois années près. Ce qui est certain, c'est que tracée près de la ligne de Coeur, une ligne d'affection indiquera un amour ou un mariage avant la vingtaine.

Normalement les lignes d'affection n'empiètent pas, ou très peu, sur le mont de Mercure.

Une ligne droite et nette qui s'avance sur le mont de Mercure, sans rupture, est une garantie certaine de mariage heureux, surtout si une croix apparaît sur le mont de Jupiter.

Une ligne qui semble s'incurver vers le bas indique un veuvage (voir b) 1).

Si la ligne s'incurve vers le haut, il est probable que le sujet restera célibataire.

Si cette courbe est traversée par une croix, le conjoint mourra subitement ou dans un accident (voir b) 2).

Si cette courbe se prolonge jusqu'à la ligne de Coeur, la mort du conjoint n'arrivera qu'après une longue maladie ou par suite d'une santé déficiente tout au long de sa vie.

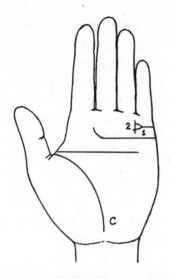

Une ligne d'union se terminant en fourche indique une séparation ou un divorce (voir c) 1).

Si cette fourche est fermée par une ligne verticale, formant ainsi un triangle, cela indique que la séparation ne sera pas catastrophique et qu'elle apportera un avantage certain du côté financier : pension alimentaire assurée, maison, etc. (voir c) 2).

Je spécifie toujours, lorsque je vois un signe de séparation, que celle-ci peut n'être que psychologique. En ce sens que deux personnes peuvent présenter le portrait d'un couple parfait et être séparées psychologiquement.

Cela me rappelle cette dame d'environ 65 ans, à qui je disais qu'elle était séparée, et qui me répondit : «Non, Monsieur, mon mari n'aura jamais le divorce.» Je lui ai demandé s'ils faisaient «chambre à part.» Elle répondit par l'affirmative. Je lui ai donc expliqué que pour moi, même s'ils n'étaient pas séparés officiellement, psychologiquement, ils étaient devenus deux étrangers l'un pour l'autre.

Je dois ouvrir ici une très longue parenthèse, car mon expérience m'a appris qu'il faut être très prudent dans l'interprétation des lignes d'unions.

La vie de la personne qui est devant vous peut être remplie d'amours ou d'attachements divers, mais si les sentiments ne sont que superficiels, et que les ruptures, surtout, ne causent aucun traumatisme psychologique, il n'y aura pas de signes d'unions dans la main. Si cependant ces lignes existent, rien ne révélera la façon dont telle ou telle union se terminera.

En vous disant cela, j'ai à l'esprit cette jeune femme qui avait quatre amours dans sa main gauche. Ces lignes me semblaient profondes et parfaites : donc quatre unions sérieuses. Mais une chose m'intriguait. C'est pourquoi je lui dis : «Vous avez quatre amours dans votre vie, mais je ne vois pas de quelle façon chacun d'eux se termine. Est-ce par la mort, la séparation ou quelque chose de semblable? La personne me regarda alors, ouvrit les bras et me dit simplement : «Mon cher Monsieur, lorsqu'un amoureux s'en va, je n'ai qu'une chose à faire, c'est d'en prendre un autre.»

C'est alors que j'ai compris ce principe très important : lorsqu'un événement ne me traumatise pas, ne me meurtrit pas, cela n'est pas indiqué dans ma main. Ce qui est marqué dans ma main m'a nécessairement marqué à l'intérieur de moi. Si aucune trace de mon affection est inscrite dans ma main, c'est qu'aucune cicatrice ne subsiste à l'intérieur de moi. L'inverse est aussi vrai : si une peine d'amour est acceptée avec philosophie, rien dans la main n'en fera état.

Cela veut donc dire que la dame aimera, sincèrement et profondément, les quatre hommes inscrits dans sa main. Cela signifie aussi que sa philosophie de la vie et son tempérament lui permettent de surmonter, sans faire de dépression, les départs et les changements dans sa vie amoureuse.

Une ligne d'union longue, qui se rend jusqu'au mont du Soleil, annonce un mariage riche avec une personne d'un statut social plus élevé que le sujet (voir d) 1).

Si la ligne du Soleil (voir p. 91) comprend une île, cela indique que l'amour sera adultère (voir d) 2).

La ligne d'union peut ne pas mentionner une séparation, mais il faut toujours vérifier s'il n'existe pas une ligne horizontale qui part du mont de Vénus et se rend jusqu'à la Saturnienne. Dans ce cas, la séparation ou le divorce a été demandé par la personne elle-même, non pas par le conjoint (voir e) 1).

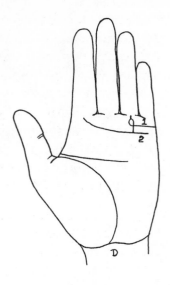

Si la ligne d'union comprend un îlot à son origine, elle indique un délai ou un retard à l'union. Si l'îlot est situé au milieu de la ligne, il indique une séparation causée par le travail. Le conjoint ira travailler à l'extérieur du pays, au Zaïre par exemple, et reviendra son contrat terminé. Si l'îlot est à l'extrémité de la ligne, cela présage des difficultés vers la fin de la vie et une possibilité de séparation ou de divorce (voir e) 2).

Il arrive souvent que les lignes d'unions ou d'affections soient plus nombreuses dans la main gauche que dans la main droite. C'est le signe d'amours qu'on a laissé passer, même si le coeur y était attaché. La personne ne se sentait pas prête à répondre à cet appel. Le nombre d'attachements réels est indiqué dans la main droite.

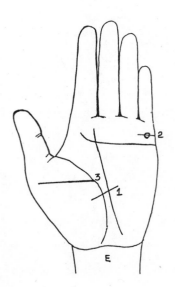

Un sillon profond et horizontal, sur le mont de Vénus, à la racine du pouce, indique un seul amour véritable (voir e) 3).

10

Les lignes d'enfants

Sur la ligne d'union, il y a de petites lignes très fines, verticales, qui semblent s'appuyer sur celle-ci : c'est le nombre d'enfants que la personne aura possiblement dans sa vie. Ou plutôt, c'est le nombre d'affections parentales du sujet (voir a).

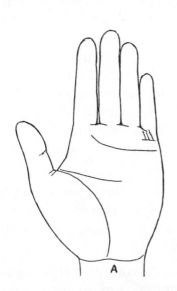

A

Avant d'aller plus loin, j'aimerais vous signaler des choses très importantes à ce sujet, et que j'ai pris beaucoup de temps à découvrir.

Je crois que c'est ici que se joue réellement la compétence du chiromancien. Si vous dites exactement le nombre d'enfants que la personne a eus, vous êtes compétent; sinon, vous n'êtes qu'un charlatan qui dit n'importe quoi et vos propos sont sans valeur. Je trouve cela très injuste de mesurer la compétence du chiromancien à partir de cette question, car c'est, à mon avis, le point le plus difficile de la pratique et la marge d'erreur est très grande. La première chose que j'explique à la personne qui vient me consulter est que ces enfants ne sont pas nécessairement à elle.

Ces lignes indiquent aussi bien les avortements et les fausses couches que les grossesses menées à terme. Elles peuvent indiquer aussi des enfants qui ne sont pas à vous, mais pour lesquels vous avez développé un amour maternel ou paternel et que vous considérez comme vos propres enfants (neveu, nièce, petit-fils, etc.).

Il est important de retenir que ces lignes représentent l'affection que vous développerez envers des enfants au cours de votre vie. Cet amour parental peut aussi bien s'exprimer envers les enfants de votre conjoint.

Pour illustrer encore plus clairement mon propos, je voudrais vous faire part d'une expérience qui m'a fait comprendre l'importance de ce principe.

J'avais devant moi un individu qui n'avait aucun signe d'union ou d'affection, ni dans la main gauche ni dans la main droite. Pourtant je voyais clairement une ligne d'enfant dans les deux mains. Je lui dis alors : «Écoutez, ce que je vais vous dire va vous sembler aberrant, voire une impossibilité biologique : je ne vois aucune ligne d'union dans votre main, et cependant il existe un amour paternel très profond.» Il me répondit : «Vous avez raison, je n'ai aucune femme dans ma vie, car je suis prêtre, mais j'aime ma nièce comme si elle était ma propre fille.»

J'ai alors compris que les lignes d'enfants indiquent le nombre d'enfants que vous aimez. Elles signalent le développement de l'amour parental, beaucoup plus que le nombre réel d'enfants que vous avez.

On peut voir parfois jusqu'à 15 ou 20 de ces petites lignes d'enfants. Il est évident qu'un nombre d'enfants aussi élevé est impossible, mais il indique que cette personne adore les enfants... qu'elle aime tous les enfants de la terre... et qu'elle possède un instinct maternel ou paternel très développé. On note une grande quantité de lignes d'enfants chez les personnes oeuvrant dans le domaine de l'éducation et des garderies.

Il ne faut pas négliger d'examiner ces lignes d'enfants dans les deux mains. Souvent le nombre de lignes diffère. Si la main gauche indique deux enfants et que la main droite en signale trois, cela signifie que cette femme, par exemple, aura effectivement deux grossesses, mais qu'elle aimera trois enfants. Le troisième pourrait être un neveu, une nièce, ou l'enfant de son enfant... ou tout simplement un enfant adoptif.

Avant de terminer sur les lignes d'enfants, je sens le besoin d'illustrer, par une autre expérience très révélatrice, le principe énoncé plus haut, à savoir que les lignes d'enfants indiquent beaucoup plus le développement de l'amour parental que le nombre réel d'enfants que l'on a.

Dans la main gauche d'une femme, je remarque trois grossesses. À sa réaction, je sais bien que je me suis trompé. Mais je lui dis : «Ne parlez pas, je vais vérifier dans votre main droite.» Sa main droite aussi indique trois grosses-ses. Je lui répète que je ne vois que trois enfants dans ses deux mains. Elle me révèle alors qu'elle a eu huit grosses-ses et que tous ses enfants sont vivants et en bonne santé.

Je me suis rappelé à ce moment-là le grand principe de l'amour maternel et je lui ai demandé si elle avait élevé ses enfants. Cette femme me raconta qu'elle et son mari étaient très pauvres et que ses nombreux frères et soeurs leur ont dit : «Écoutez, vous êtes très pauvres... vous allez garder trois enfants. Les cinq autres, nous allons les adop-ter et les élever.» Cela se passait en pleine crise économi-que, vers 1930.

Cette histoire confirmait d'une façon non équivoque que, même si cette femme avait eu huit enfants, son amour maternel ne s'était exprimé complètement qu'envers trois d'entre eux. Elle aimait, bien sûr, tous ses enfants, mais le lien maternel n'était visible, dans ses mains, que pour les trois qu'elle avait élevés elle-même.

Il ne faut donc jamais oublier que les lignes d'enfants sont en rapport direct avec l'amour parental que l'on développe envers des enfants, indépendamment de leurs origines.

11

La ligne de la Destinée

Cette ligne est parfois appelée Saturnienne, ligne de Chance, ou ligne de la Fatalité.

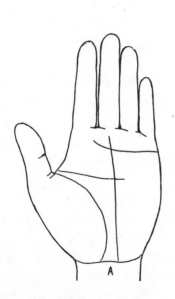

La ligne de la Destinée idéale part du poignet (racette) et monte verticalement, en traversant la ligne de Tête et la ligne de Coeur, jusqu'à la racine du majeur. Elle divise la main en deux (voir a). Parmi les lignes principales, la ligne de la Destinée est, à mon avis, la plus importante après la ligne de Vie : elle indique les principaux événements et révèle clairement la destinée de l'individu, ses échecs autant que ses succès, ses joies autant que ses peines.

Chaque étape du voyage terrestre est indiquée, de la naissance à la mort. La ligne de la Destinée est absente dans environ 15 p. cent des mains : rien n'apparaît dans celles-ci, rien ne semble décidé à l'avance.

Cela ne veut pas nécessairement dire que ces personnes sont malchanceuses, mais cela indique que la chance ne sera pas toujours au rendez-vous, et qu'il faudra lutter davantage pour réussir.

L'absence de ligne de la Destinée signale aussi une existence ordinaire, sans éclat, parfois médiocre et insignifiante.

Une ligne de la Destinée bien nette dénote des gens riches, des professionnels, des personnes qui n'ont pas à lutter pour leur pain quotidien. Cela n'exclut pas le travail et la persévérance, bien sûr. La ligne de la Destinée est un signe de réussite.

Elle indique aussi une vie longue et heureuse, s'il n'y a pas de contre-indications. Car n'est-ce pas une *chance* que de pouvoir mourir de vieillesse?

Si la ligne de la Destinée part de la ligne de Vie (voir b) 1), cela signifie que le succès est relié à l'appui ou à l'aide des parents : une aide pécuniaire, par exemple, pour faciliter l'achat d'une maison. L'appui peut provenir également du fait que l'enfant a tout simplement travaillé dans le commerce familial et a continué ainsi la tradition.

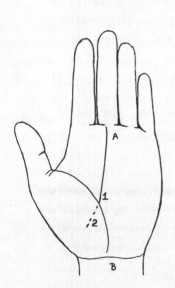

Ce petit coup de pouce, au départ, peut faciliter la réussite, mais il ne faut pas oublier que, malgré tout, c'est le travail et le mérite personnel qui apportent le succès.

Une ligne de la Destinée qui part du mont de Vénus montre une destinée tributaire de l'amour (voir b) 2). Dans la main d'un homme, ce signe indique qu'une aide féminine a contribué à son succès, soit matériellement, soit moralement.

Si la ligne de la Destinée apparaît dans la main gauche mais est inexistante dans la main droite, cela indique que le sujet avait des possibilités de réussite au départ, mais que les circonstances de la vie, ou, le plus souvent, ses propres décisions ont freiné son succès. Il n'a pas saisi les chances quand elles se présentaient. Et je pense ici aux adolescents qui refusent parfois de poursuivre leurs études, compromettant ainsi leur avenir. Ils peuvent, bien sûr, réussir, mais le chemin de la réussite sera plus difficile à parcourir.

C'est peut-être aussi une décision qui, prise à un moment donné, semblait être la bonne solution, mais qui au fil des années s'est révélée néfaste.

La ligne de la Destinée peut, par contre, être inexistante dans la main gauche et être très présente dans la main droite. Cela indique que le sujet a amélioré son sort, qu'il s'est élevé au-dessus de sa condition familiale par des études plus poussées que celles de ses parents. Il a su développer toutes ses potentialités héréditaires. Dans un tel cas, une ligne de Tête plus longue dans la main droite vient confirmer ce fait.

Je suis profondément convaincu que tout le monde est chanceux au départ. Bien sûr, on peut l'être plus ou moins. Mais il y a, dans la vie de chacun d'entre nous, deux ou trois moments où la chance nous sourit vraiment, où nous faisons face à un tournant; il n'en tient alors qu'à nous de saisir l'occasion qui nous est offerte. C'est Napoléon qui disait qu'une personne chanceuse est une personne intelligente. Un imbécile ne peut être chanceux.

Le mot intelligence est pris ici dans son sens le plus large : c'est-à-dire avoir le flair, le pressentiment que quelque chose doit être fait, ou ne pas être fait. Et les qualités qui engendrent le succès sont inscrites dans les mains. Nous connaissons tous, dans notre entourage, des gens qui ont le succès facile, qui sont condamnés, pour ainsi dire, à être chanceux toute leur vie. D'autres, par contre, semblent toujours être mal pris. La malchance les poursuit inlassablement. Les causes de leur insuccès sont inscrites dans leurs mains. Elles peuvent être corrigées, ou à tout le moins amoindries par la réflexion et par la mémoire du passé. Il faut analyser ses échecs pour ne pas toujours refaire les mêmes erreurs.

Au fond, il n'y a rien de négatif dans tout ce qui nous arrive si on sait se servir de son expérience pour progresser, s'améliorer et voguer vers le succès. Il n'y a pas, à ma connaissance, de mains chanceuses ou malchanceuses sans motif, sans une cause indiquée dans la main et confirmée par d'autres signes.

Nous avons vu qu'une ligne de la Destinée qui part de la racette et s'élève en ligne droite vers le mont de Saturne pour s'arrêter à la première phalange du médius, après avoir tracé un profond sillon dans ce mont, annonce le bonheur et le succès.

Une ligne de la Destinée qui coupe la racine du médius et s'avance jusqu'à la troisième phalange annonce une fatalité excessive : c'est un signe d'une très grande destinée, en bien ou en mal.

Si la ligne de la Destinée a son point de départ sur le mont de la Lune, elle indique une très grande chance. Elle indique surtout que cette chance tiendra du caprice, de la fantaisie, du hasard et des circonstances (voir c).

Le sujet aura à travailler, possédera toutes les qualités pour réussir, mais le succès viendra par les autres : les relations, les connaissances, les amis. C'est le type de personne qui est toujours là au bon moment : elle n'aura jamais à chercher du travail car on l'appelle... et ça marche. On lui propose des projets, on lui suggère de se présenter à tel examen de sélection, bref, la vie est facile. Elle ne manquera jamais de travail, c'est une personne chanceuse, quoi! Tout lui tombe dans les mains. Bien sûr, elle possède une préparation adéquate pour le travail qu'on lui offre, mais les circonstances lui sont toujours favorables.

Un début de ligne en chaîne, ou une succession de croix entrant les unes dans les autres, indique une jeunesse difficile (voir d) 1).

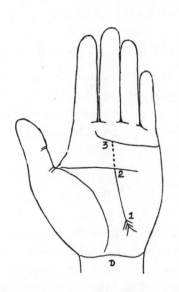

Si la ligne de Chance s'arrête à la ligne de Tête, elle indique qu'un acte personnel irréfléchi (coup de tête ou mauvais calcul) viendra modifier la chance et la situation du sujet (voir d) 2).

Si la ligne de la Destinée s'arrête à la ligne de Coeur, elle signifie que la situation sera modifiée par une affaire sentimentale. Elle peut indiquer aussi une maladie cardiaque (voir d) 3).

Une ligne de Chance droite, chargée de rameaux, telles des branches qui s'élèvent, indique un passage successif de la pauvreté à la richesse : on a l'impression que chaque rameau est un pas vers le succès (voir e) 1).

Si la Saturnienne se termine en fourche sur le mont, elle signifie que la vieillesse sera heureuse et exempte de soucis matériels (voir e) 2).

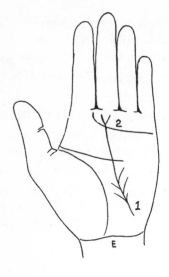

Si on y trouve un candélabre à trois branches, ou un épi, on est en face d'une destinée incontestablement heureuse. On trouvera toujours, inscrite dans la main, la cause de ce bonheur et de cette réussite.

Une brisure dans la ligne est favorable s'il n'y a pas de vide horizontal et si une autre ligne verticale repart avant la fin de la première : elle indique une promotion ou un changement voulu par le sujet et initié par lui, ce qui est toujours bénéfique (voir f) 1).

Si l'espace entre les deux lignes est grand, cela signifie un changement de carrière, une nouvelle orientation. Un rameau partant de la ligne de Vie vient confirmer, au même âge, ce changement de travail.

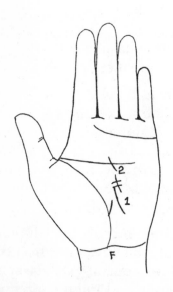

Lorsque la brisure provoque un vide (voir f) 2) parce que la ligne de la Destinée tarde à reprendre, ou qu'il existe des lignes horizontales coupant cette ligne, cela est défavorable et indique des entraves, des embûches qui empêchent d'atteindre le succès.

S'il y a des excès et que la ligne de la Destinée commence en bas de la racette ou entre dans la racine du médius, elle

annonce une mauvaise influence de Saturne. Une croix ou
une étoile placée sur ce mont viendra confirmer le sombre pronostic suivant : la destinée du sujet s'arrêtera sur
une terrible tragédie, soit une disgrâce publique, soit une
condamnation à mort.

Si la ligne de Chance n'apparaît qu'au centre de la main,
dans la plaine de Mars, elle indique que le sujet aura à lutter dès le début de son existence pour réaliser ses ambitions; rien ne lui sera facile. Mais si cette ligne monte, claire
et nette, et surtout si une branche se dirige vers Apollon,
cela indique que la personne sera l'artisan de sa fortune;
elle obtiendra succès et richesse grâce à son travail personnel et par son propre mérite (voir g) 1).

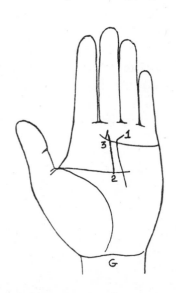

Si la ligne de la Destinée
prend naissance sur la ligne
de Tête, le succès sera tardif
et viendra des qualités intellectuelles du sujet (voir g) 2).

Si la ligne part de la ligne
de Coeur, le succès sera relié
à l'amour (voir g) 3).

La direction de la ligne de
la Destinée vers tel ou tel
mont nous informe du genre
de réussite obtenue par le
sujet.

Quand la ligne de la Destinée se termine sur Jupiter,
elle indique un orgueil excessif, la folie des grandeurs, une
démesure pouvant mener aux pires fautes. Toutefois, si la
ligne se termine par une étoile, c'est une réussite extraor-
dinaire qui rend orgueilleux (succès dans l'administration
ou la politique) (voir h) 1).

La ligne de la Destinée se dirigeant vers Apollon est un
signe de réussite dans les arts (voir h) 2).

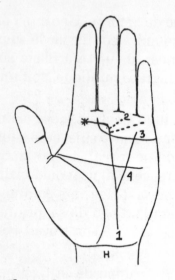

Si la ligne de Chance se dirige vers Mercure, elle indique la réussite dans les lettres, les sciences et le commerce (voir h) 3).

Il en est de même pour les lignes partant de la ligne de la Destinée. Si une ligne nette et droite se dirige vers un mont spécial (voir h) 4), les qualités que symbolise ce mont exerceront une influence très forte... qui apportera le succès.

Il y a des gens qui sont irrévocablement heureux mais, à l'examen des lignes de leur main, vous remarquez que tous possèdent les signes d'une volonté ferme et les qualités nécessaires pour être heureux, comme l'amour des arts, la prudence et l'intelligence. Nous sommes, en quelque sorte, les principaux artisans de notre bonheur.

12

La ligne du Soleil

La ligne du Soleil est aussi appelée ligne d'Apollon, car elle se dirige vers le mont d'Apollon, situé sous l'annulaire (voir a).

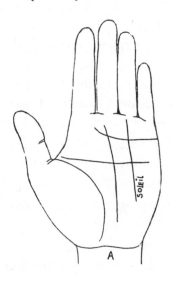

Elle est l'une des lignes les plus intéressantes à étudier. Elle a autant d'importance, pour la main d'un individu, que le soleil en a pour la terre.

Bien marquée, elle est un présage de réussite, en dépit quelquefois d'une faible ligne de Tête ou d'une mauvaise ligne de la Destinée.

Les sujets qui possèdent une ligne du Soleil ont plus de magnétisme et d'influence sur les autres : ils accèdent plus facilement aux richesses, aux honneurs et aux récompenses.

C'est la ligne des artistes et des créateurs, puisqu'elle se dirige vers Apollon, le mont des Arts.

Lorsque je vois une telle ligne dans les mains d'une personne, je lui dis toujours : «Vous êtes un artiste.» Je lui explique que le mot «artiste» doit être pris dans un sens très large. Il est possible que cette personne gagne sa vie dans le showbusiness ou les arts et soit connue du public comme chanteuse, comédienne, pianiste, etc. Il se peut également qu'elle ne soit pas artiste du tout, mais qu'elle possède les qualités généralement attribuées aux artistes, comme l'intuition, l'imagination et l'esprit de créativité, et qui sont garantes de succès.

Dans la pratique, cela veut dire que le sujet qui possède une ligne du Soleil ne sera jamais mal pris : il détient le sens de la débrouillardise et du savoir-faire.

Cette ligne peut très bien être présente dans la main d'un bûcheron. Cela indique que s'il demeure à Amos, par exemple, et qu'il a besoin d'un instrument pour son travail, la première chose qu'il va se dire c'est : «Oui, il est évident que je pourrais aller à Montréal pour acheter ce dont j'ai besoin.» Mais il décidera plutôt de bâtir, de créer lui-même l'instrument indispensable pour améliorer son travail. Une belle ligne d'Apollon trouvera toujours, inventera toujours une solution, et ce sera, dans la plupart des cas, la seule bonne solution.

La ligne d'Apollon existe dans les mains de ceux qui exercent un métier ou une profession directement reliés aux arts : danse, graphisme, décoration intérieure, etc.

Ce qu'il faut retenir, c'est que tous ceux qui sont artistes de près ou de loin possèdent un esprit créateur.

Habituellement, ils se sentent heureux dans un travail qui leur permet une grande latitude et une grande liberté d'expression.

On peut dire avec certitude que beaucoup de gens de valeur ont une belle ligne du Soleil, même s'ils ne sont pas artistes d'une façon spécifique. Plusieurs personnes ont une ligne d'Apollon que bien des artistes pourraient leur envier.

La ligne d'Apollon annonce le succès dans la carrière entreprise. C'est la ligne du bonheur, de la considération : l'ambition sera satisfaite.

Ce qui est certain, c'est que les personnes détenant une ligne du Soleil sont beaucoup plus sensibles que les autres à ce qui les entoure. C'est le signe d'un tempérament artistique. Cette nature artistique peut se manifester par l'amour des jolies choses, par un sens de l'harmonie, par le romantisme en amour, etc.

On peut dire aussi que les sujets qui n'ont pas de ligne du Soleil ne tiennent pas compte, ou si peu, de ce qui les entoure et peuvent vivre dans un milieu où l'harmonie et la beauté sont absentes.

Il est capital de bien situer le point de départ de la ligne d'Apollon, car cela nous renseigne sur le succès de l'individu.

Si la ligne du Soleil part de la ligne de Vie, et qu'elle donne l'impression d'ouvrir le mont d'Apollon, elle signifie célébrité, gloire et richesse, et la reconnaissance de son mérite par ses pairs. Le succès, cependant, ne doit rien à la chance, mais provient de la valeur personnelle du sujet (voir b) 1).

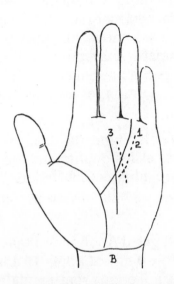

Si la ligne d'Apollon part de la ligne de la Destinée, elle annonce le succès dans la carrière choisie et, encore ici, la réussite dépendra de l'effort personnel du sujet (voir b) 2).

Partant de la plaine de Mars, et sans lien avec les autres lignes, elle annonce le succès après bien des luttes et bien des difficultés (voir b) 3).

Si la ligne du Soleil part du mont de la Lune, la réussite viendra à la suite d'une

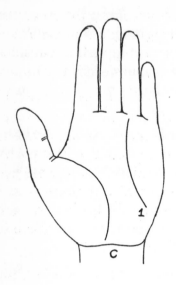

chance inouïe; elle sera due au hasard, au caprice d'autrui (voir c) 1).

On la retrouve souvent dans la main de ceux dont la carrière et le succès dépendent du public : acteurs, musiciens, orateurs, etc. Pour eux, c'est un signe extrêmement heureux, car il prédit une réussite au niveau national ou international.

Cela peut signifier aussi un être choyé par le destin qui réussit sans effort, chanceux au jeu ou à la loterie. Ce signe peut présager un mariage heureux avec une personne riche. Ce pourrait être aussi une invention originale qui apportera l'aisance matérielle. Bref, tout peut arriver, c'est une question de hasard.

La longueur de la ligne du Soleil indique avant tout, l'âge où la situation a commencé à se transformer selon les désirs ambitieux du sujet. À partir du moment où elle apparaît dans une main, les choses deviennent plus faciles, la situation devient plus prospère et plus brillante. On peut se référer aux âges-repères, qui ont été mentionnés au début du volume.

Si la ligne d'Apollon part de la ligne de Tête, elle annonce le succès par les efforts et les qualités intellectuelles du sujet. La réussite sera plus évidente dans la seconde moitié de la vie. On trouve cette ligne dans la main des intellectuels, des savants et des écrivains (voir d) 1).

Partant de la ligne de Coeur, la ligne d'Apollon indiquera un succès encore plus tardif, probablement après 40 ans, et il sera relié plus ou moins aux affections sentimentales

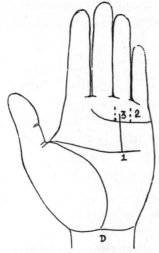

du sujet. Dans un tel cas, il faut signaler un mariage heureux qui apportera l'aisance et le bien-être (voir d) 2).

Si le départ de la ligne du Soleil se fait sur le mont lui-même, sans toucher à la ligne de Coeur, il indique un succès si tard dans la vie que le sujet n'aura presque pas le temps de profiter de son bonheur et de sa quiétude (voir d) 3).

Si la ligne d'Apollon naît dans l'espace entre la ligne de Tête et la ligne de Coeur, par trois branches se réunissant en un seul canal au moment de traverser le mont d'Apollon, elle annonce *Fortune* par la branche qui vient du côté de Mercure, *Gloire* par la branche directe, et *Mérite* par la branche qui vient du côté de Saturne (voir e) 1).

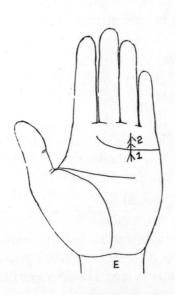

Une ligne du Soleil dont les côtés, situés en haut de la ligne de Coeur, possèdent un faisceau de petites lignes, donnant ainsi l'impression d'un monticule, indique un succès tardif mais certain. Si ce succès tarde tant à se manifester c'est qu'il est entravé par des personnes envieuses. Je conseille, à ce moment-là, la prudence et la discrétion dans le milieu de travail; on aura tendance à déformer vos paroles et à vous discréditer aux yeux des patrons. La meilleure chose à dire lorsqu'un tel signe apparaît, c'est de ne pas se fier aux apparences et de bien choisir ses amis (voir f) 1).

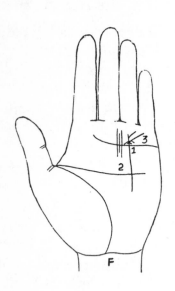

Deux lignes du Soleil parallèles signalent une très grande réussite. Trois lignes parallèles indiquent la renommée, la gloire internationale. Le succès provient alors de deux ou trois sources différentes, comme si la personne était appelée à mener deux ou trois carrières parallèles, dans deux ou trois secteurs tout à fait différents (voir f) 2).

Des rameaux partant de la ligne du Soleil et se dirigeant vers Mercure annoncent la richesse matérielle.

Le sujet ne connaîtra aucun souci d'argent et sa bonne gestion lui permettra même de laisser un héritage à ses enfants (voir f) 3).

Une main creuse et un peu anémique (même si elle possède une ligne du Soleil) perd tout son pouvoir et les promesses heureuses ne se réaliseront pas.

L'absence complète de la ligne du Soleil, dans une main bien marquée, indique que le sujet, quels que soient son intelligence et ses talents, aura une vie obscure : son travail ne sera pas reconnu, la gloire lui échappera.

En terminant l'analyse de la ligne du Soleil, il faut toujours se dire qu'un signe dans la main gauche ne veut rien dire s'il est pris isolément. Il faut toujours vérifier, dans la même main, si d'autres signes ne viennent pas confirmer notre hypothèse. Comme étape finale, il faut s'assurer

que le même signe se reproduit dans la main droite. C'est
à ce moment seulement que l'hypothèse de mon interprétation pourra être confirmée avec plus de certitude.

13

La ligne de Santé

La ligne de Santé part de la racette, près de la ligne de Vie, et se dirige vers Mercure (voir a) 1).

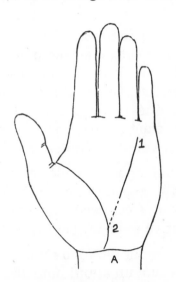

Longue, bien colorée et droite, elle annonce une bonne santé, un sang riche, de l'harmonie dans les fluides, une grande mémoire, de l'honnêteté et la réussite dans les affaires.

Si la ligne s'élève jusqu'au mont de Mercure, elle présage la santé dans la vieillesse.

La différence entre la ligne de Vie et la ligne de Santé réside dans le fait que la première révèle la longévité promise par l'hérédité et les causes naturelles, tandis que la seconde dévoile les retentissements de la vie que le sujet a menée et ses répercussions sur sa constitution.

C'est l'une des lignes de la main les plus susceptibles de subir des changements. C'est un peu le baromètre de la vie, indiquant ses hauts et ses bas.

On y voit, en fait, la maladie que le sujet est susceptible de se donner. Car, comme le disait si bien Sénèque: «L'homme ne meurt pas... il se tue.»

C'est la seule ligne de la main qu'il vaut mieux ne pas avoir, à moins qu'elle soit droite et qu'elle monte vers le mont de Mercure sans toucher à la ligne de Vie.

Si elle est liée, à son origine, à la ligne de Vie, elle indique la faiblesse du coeur à cause de l'abondance du sang qui s'y rapporte. Et même si la ligne de Vie semble beaucoup plus longue, le point de départ de la ligne de Santé indique la date de la mort du sujet. Il faut cependant que les deux lignes aient la même force : si la ligne de Santé est plus pâle ou moins visible que la ligne de Vie, on peut craindre, quand même, la mort par congestion cérébrale (voir a) 2).

Afin de mieux comprendre la ligne de Santé, il faut chercher, tout en restant en liaison avec elle, d'autres indications sur les différentes lignes de la main : notamment sur la ligne de Vie et sur la ligne de Tête. Les avertissements les plus précieux peuvent être donnés à l'approche de ces maladies, mais la nature humaine étant ce qu'elle est, ceux-ci tombent le plus souvent dans l'oreille d'un sourd.

La tradition considère parfois une ligne de Santé comme une seconde ligne de Tête, mais si cette dernière fait référence au conscient, la ligne de Santé est liée au subconscient. Elle est à la fois imaginative et créatrice.

Une ligne de Santé partant du mont de Vénus indique un mariage d'argent : le sujet recevra un appui monétaire certain de la part d'une personne du sexe opposé (voir b) 1).

Si la ligne part du mont de Mars, elle signale une imagination active très intense qui peut être cause de désordres émotifs et nerveux (voir b) 2).

Si la ligne de Santé apparaît confuse et tortueuse, elle est signe de rêverie, de déséquilibre et, souvent, de troubles digestifs (voir c) 1).

Si la ligne de Santé prend naissance à l'intérieur du mont de la Lune, et surtout si la main n'est pas tellement équili-

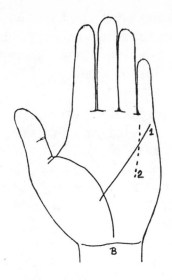

brée, elle annonce des troubles mentaux causés par une imagination débridée (voir c) 2).

Une ligne de Santé partant de la ligne de Vie et se rendant du côté de la percussion, formant ainsi un arc, dénote un caractère capricieux comme la mer (voir c) 3).

L'arc peut signifier aussi un voyage en mer.

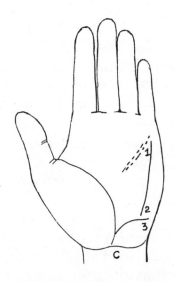

Dans une main bien équilibrée, une ligne de Santé qui part du mont de la Lune et qui monte en direction de Mercure indique beaucoup d'intuition et de télépathie. S'il y a une croix entre la ligne de Coeur et la ligne de Tête, ce signe vient confirmer et renforcer cette assertion (voir d) 1).

Il suffit que le détenteur d'une telle main pense à une de ses amies par exemple, pour que cette dernière lui téléphone.

Cette personne possède également un intérêt profond pour les sciences parapsychologiques : astrologie, cartes, lignes de la main, etc. Cela peut s'exprimer aussi par un don quelconque : arrêter le sang (parfois à distance), ou faire disparaître un mal de tête, etc.

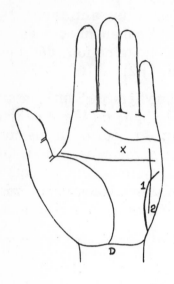

Il faut faire attention de ne pas confondre, lors de l'étude des lignes de la main, la ligne de Santé avec la ligne d'Intuition.

La ligne d'Intuition a plus ou moins la forme d'un demi-cercle et s'étend du mont de la Lune au mont de Mars (voir d) 2). Elle semble vouloir contourner le mont de la Lune, l'envelopper, le délimiter même, mais contrairement à la ligne de Santé elle ne se dirige pas vers Mercure mais s'arrête au mont de Mars.

La ligne d'Intuition accentue beaucoup plus fortement les dons de clairvoyance des personnes qui possèdent cette ligne. Celles-ci peuvent avoir des rêves précurseurs et être en mesure de prévenir les gens, des semaines à l'avance, des dangers qu'ils courent. On retrouve souvent cette ligne dans des mains de femmes, et quelquefois dans des mains d'hommes.

Habituellement, ces dons de clairvoyance s'expriment durant des périodes très courtes. Ils découlent d'une inspiration très fugitive qui ne durent, parfois, que quelques instants.

Ces qualités rares d'intuition, qu'on appelle parfois de la voyance, peuvent amener la personne à prédire des événements mondains ou politiques, complètement étrangers à elle-même, comme la réélection d'un candidat, ou l'annonce d'un cataclysme en Asie.

Mais ces dons sont très rares, et les personnes douées d'une intuition très sûre traversent souvent des périodes de stérilité durant lesquelles leur don de voyance ne s'exprime tout simplement pas.

Les anneaux

Nous venons d'étudier les lignes principales qui existent dans la majorité des mains. Il y a cependant des lignes secondaires, accidentelles qu'on rencontre quelquefois et qui sont situées à la jonction de la racine de quelques doigts et de quelques monts, formant ainsi des anneaux.

L'anneau de Salomon

L'anneau de Salomon s'enroule autour de l'index (voir a) 1).

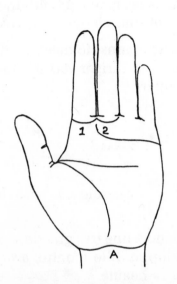

C'est un signe très rare. Il signifie sagesse, sérénité et équilibre. Il indique une personne à la recherche constante de la vérité. Son esprit logique et lucide lui fait voir la valeur intrinsèque des choses.

On rencontre cet anneau dans la main des prêtres, des juges, des philosophes. On le rencontre aussi dans la main de personnes ordinaires. Cela indique qu'elles ont un sens inné de la mesure et possèdent un excellent jugement. Elles inspirent confiance ce qui fait qu'on est facilement porté à leur demander des conseils, lesquels sont toujours judicieux.

On retrouve ce signe chez ceux et celles qui conseillent les autres dans leur domaine de compétences : conseiller d'orientation, consultant en décoration intérieure, spécialiste de la mode, avocat, etc.

L'anneau de Saturne

L'anneau de Saturne s'enroule autour du médius (voir a) 2). Il est assez rare et possède une signification négative. Le médius étant en rapport avec le destin, l'anneau de Saturne semble empêcher la réalisation de ce que laissent présager les autres signes.

Les personnes possédant un tel signe sont solitaires, sombres et mélancoliques. Leur caractère a quelque chose de saturnien, de fatal.

On peut remarquer ce signe dans les mains de certaines religieuses contemplatives qui ont une vie moins active.

Cet anneau existe aussi dans les mains de détenus, de prostituées, pour qui la vie semble se diriger vers un destin auquel ils ne peuvent échapper.

L'anneau de Vénus

L'anneau de Vénus forme un arc de cercle à la base du médius et de l'annulaire (voir b) 1).

Si cette ligne est simple elle dénote une très grande sensibilité, un sens artistique développé. Elle montre, avant tout, l'amour de la forme et de la beauté.

Mais si l'anneau est brisé, biffé et multiple, il annonce la luxure, le libertinage et la débauche, surtout si le mont de Vénus est plat et vidé et qu'une grille apparaît sur le mont de la Lune (voir b) 2).

Si l'anneau de Vénus n'est pas fermé, c'est-à-dire qu'au lieu de remonter vers l'annulaire il se termine par une droite s'arrêtant sur le mont du Soleil, il est un signe favorable.

Certaines personnes de génie ont un anneau de Vénus ouvert ainsi. Ce sont des combatifs, des orgueilleux, des originaux pour certains, mais leur personnalité marquera l'histoire... que l'on parle de Mussolini ou de Jean Cocteau.

15

Les bracelets

Les bracelets sont des lignes horizontales situées à la jointure de la main et du poignet. Ils sont habituellement au nombre de trois (voir a).

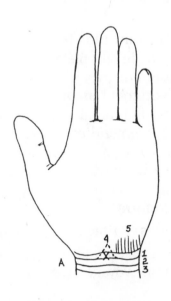

Quelques auteurs accordent 30 années de vie pour chacun des bracelets. En ce qui me concerne, mon expérience me porte à croire que la longueur de la vie n'a pas beaucoup de rapport avec le nombre de bracelets. Les bracelets sont plutôt une indication des réalisations du sujet, concernant trois aspects bien spécifiques de sa vie, soit la santé, la richesse et le bonheur.

Un premier bracelet bien tracé, droit, long et net indique une santé parfaite. S'il comporte des chaînons et si d'autres signes, sur la ligne de Coeur, le confirment, il y a danger de mauvaise circulation sanguine (voir a) 1).

Dans les mains d'une femme, si le premier bracelet semble monter dans la paume, formant une cloche, il annonce des accouchements difficiles et laborieux dus à des mal-

formations internes. Chez les hommes, il signale une constitution interne délicate, en regard des organes sexuels.

Le deuxième bracelet nous renseigne sur la richesse ou
le succès matériel. S'il est bien tracé et traverse complètement le poignet, le sujet n'aura aucun souci matériel. Son
intelligence, sa compétence et son jugement lui vaudront
l'aisance et la sécurité. Il ne connaîtra pas la pauvreté
(voir a) 2).

Le troisième bracelet nous informe sur le bonheur et
l'amour. Si ce troisième bracelet n'existe pas, cela signifie
que la personne ne sera pas très heureuse. Sa vie sentimentale sera jalonnée de désillusions. Elle passera sa vie
à chercher le bonheur qui, toujours, lui échappera
(voir a) 3).

Si le troisième bracelet est beaucoup plus bas que les
deux autres et s'il est à peine visible, le sillon étant moins
profond, le sujet connaîtra un bonheur très relatif et très
tard dans la vie. Sans être nécessairement malheureux, il
ne sera pas heureux en amour. Par la force des choses, il
deviendra philosophe et devra se contenter d'un amour qui
ne le comblera que très peu. Très souvent, ces personnes
possèdent un deuxième bracelet qui, comme nous l'avons
vu, annonce la réussite matérielle : cela signifie qu'elles
se serviront du travail comme exutoire.

Une croix à la racette indique des héritages (voir a) 4).

Des lignes partant de la racette et remontant sur le mont
de la Lune annoncent de nombreux voyages (voir a) 5).

La plaine de Mars et le quadrangle

Maintenant que nous connaissons la position des principales lignes de la main, il est plus facile de situer la plaine de Mars.

La plaine de Mars est ce qu'on appelle communément le «creux de la main». Elle se trouve entre la ligne de Coeur, la ligne de Vie et la ligne de Santé (voir a) 1).

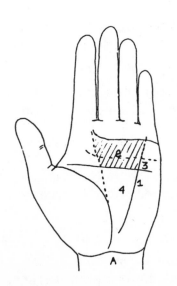

Le quadrangle est la partie supérieure de la plaine de Mars. C'est l'espace entre la ligne de Coeur et la ligne de Tête (voir a) 2, partie ombrée).

On appelle quelquefois cet espace *rectangle* ou *table de la main*.

Un bon quadrangle est symétrique dans ses lignes générales et large à ses extrémités. Il annonce alors un jugement équilibré et désigne une personne loyale, heureuse et fidèle. Le sujet sait prendre ses responsabilités et respecte ses engagements.

Le quadrangle peut indiquer aussi que la personne s'intéresse à ce qui se passe dans le monde : situation économi-
que des différents pays et leurs jeux politiques, problèmes
universels de pollution et de pauvreté, etc.

Elle aime rencontrer des gens de diverses nationalités
pour comprendre leur philosophie de la vie, leur façon de
penser. Elle adore voyager. Cela représente pour elle un
enrichissement culturel.

Si le quadrangle semble démesurément large (voir illustration a), il dénote un manque de jugement généralisé et
un manque de fermeté dans les intentions, ce qui empêchera la réussite du sujet.

Si, au contraire, la table de la main est très étroite, elle
indique une propension à l'injustice, au mensonge et à la
mauvaise foi. C'est le signe d'une personne peu fiable qui
a tendance à revenir sur sa parole. Un couloir étroit, entre
la ligne de Coeur et la ligne de Tête, est synonyme de problèmes respiratoires, tel l'asthme, et possiblement, de faiblesse cardiaque (voir a) 3).

Le grand triangle est la partie basse du creux de la main.
Il est formé par la ligne de Tête, la ligne de Vie et la ligne
de Santé (voir a) 4).

Même si le triangle est plus ou moins parfait ou plus
ou moins complet, il conserve quand même son nom de
triangle.

Bien tracé et bien coloré, il est signe de bonheur, de santé
et d'une longue vie. Plus le triangle est grand, plus la santé
du sujet est satisfaisante. Les perspectives de succès et de
bonheur sont également plus grandes.

Spacieux et large, il annonce de l'audace et de la générosité. Étroit et petit, il indique une faible constitution, un
tempérament maladif ainsi que de la mesquinerie, de
l'étroitesse d'esprit, une ténacité maladive et de l'avarice.

L'angle suprême

L'angle suprême est l'angle supérieur du grand triangle. Il est formé par la jonction de la ligne de Tête et de la ligne de Vie (voir b) 1).

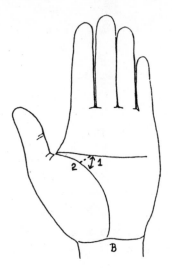

Lorsque l'angle est net, aigu, bien fait et bien tracé, il indique une nature noble remplie de bonnes dispositions et possédant de la délicatesse d'esprit.

Si l'angle est obtus, il indique un esprit borné et une intelligence à oeillères pleine de méfiance.

Lorsque la ligne de Tête semble se détacher difficilement de la ligne de Vie (voir b) 2), la quittant plus bas, à la hauteur de la Plaine de Mars, elle indique une vie misérable : l'âme manque d'élévation et de générosité. Un tel sujet est constamment préoccupé par l'argent, et l'avarice est son principal défaut.

17

Les lignes et les signes

Dans une main normale, outre les lignes principales, une quantité de lignes secondaires et de signes apparaissent.

Les lignes secondaires

Profondes et visibles, elles indiquent des passions intenses qui marqueront l'existence.

Des lignes superficielles révèlent que les passions et les événements ne laisseront que peu de traces dans la vie du sujet. Toute sa vie sera remplie d'émotions fugitives.

Les lignes, longues ou courtes, donnent des indications sur la durée de l'événement ou de la passion. Les lignes longues montrent la portée des qualités ou des défauts; les lignes courtes indiquent une courte durée.

Les signes

On peut les classer en deux groupes. Les signes positifs accentuent et fortifient les qualités de la ligne, ou l'endroit où ils sont placés. Les signes négatifs détournent, modifient ou détruisent les qualités de la ligne, ou l'endroit où ils sont placés.

Il faut toujours garder à l'esprit qu'un signe *(et ici je me répète et j'en suis conscient)*, n'a aucune signification en soi; il faut que ce qu'il suggère soit confirmé par d'autres signes apparaissant dans la main gauche d'abord, et dans la main droite ensuite : et c'est là seulement qu'on approche de la certitude, sans être certain à cent pour cent.

Les signes **positifs** sont les lignes ascendantes, les croix, les étoiles, les carrés, les cercles, et les triangles dont le sommet pointe vers le haut.

Les signes **négatifs** sont les ratures, les grilles, les îles, les chaînes, les triangles renversés, et quelquefois les croix, selon leurs positions dans la main.

Mais je ne peux pas dire qu'un signe positif l'est toujours : cela dépend de sa position dans la main.

Voyons maintenant en détail la signification de ces signes.

L'îlot

Ce signe n'est jamais favorable. Pour moi, une ligne ressemble à une rivière ou à un fleuve qui descend vers la mer. Si le fleuve rencontre une île sur son parcours, son courant, par la force des choses, va se diviser en deux pour contourner l'île et continuer sa course. Ce phénomène entraînera un moins grand débit d'eau de chaque côté de l'île donc, une force moins grande. L'îlot réduit les promesses de la ligne ou du mont sur lesquels il se trouve.

Sur la ligne de Vie, l'île signifie fragilité, maladie ou opération, à la date indiquée (voir a) 1).

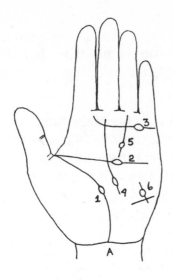

Sur la ligne de Tête, elle annonce une faiblesse cérébrale, un risque de maladie mentale ou un accident à la tête (voir a) 2).

Sur la ligne de Coeur, l'îlot indique une faiblesse cardiaque, surtout s'il apparaît sous le mont du Soleil (voir a) 3).

Située sur la ligne de la Destinée, l'île annonce des ennuis relatifs à la carrière, entraînant parfois des pertes matérielles (voir a) 4). Elle peut signifier aussi l'adultère.

Il peut arriver cependant que cette passion amoureuse n'ait été qu'un souhait de l'esprit : on a aimé quelqu'un, mais l'objet de cet notre amour n'en a jamais été informé.

L'îlot, placé sur la ligne du Soleil, indique l'adultère avec une plus grande certitude que s'il était situé sur la ligne de la Destinée (voir a) 5).

Une île sur le mont de la Lune est un présage de troubles du côté des reins et de la vessie, surtout si une ligne horizontale traverse le mont de la Lune (voir a) 6).

Une île qui apparaît sur l'un des monts affaiblit les vertus de ce mont.

La croix

La croix peut être considérée comme un signe positif lorsqu'elle est bien faite et que les bras qui la forment sont d'égale grandeur. Les croix amplifient les qualités du mont où elles se trouvent.

Une croix sur les monts

Une croix bien tracée, située **sur le mont de Jupiter,** révèle un grand amour, une union heureuse qui comblera la vie du sujet (voir b) 1).

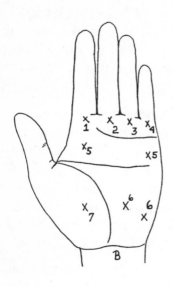

Sur le mont de Saturne, la croix annonce le mysticisme ou la superstition dans le sens négatif du terme. Le sujet est un misanthrope : toujours hésitant, il craint l'avenir, il est fataliste. Si d'autres signes le confirment, la croix indique une mort violente (voir b) 2).

Sur le mont d'Apollon, la croix possède une connotation négative. Elle signale un succès tardif. Ce retard est habituellement causé par les propres erreurs du sujet, consécutives à son manque de jugement (voir b) 3).

Sur le mont de Mercure, la croix comporte également une signification négative. Elle est habituellement le signe d'un manque de probité. Cette personne aura tendance à être malhonnête. Sa main sera agile, et sa conscience élastique (voir b) 4).

Mars étant le dieu de la guerre, une croix **sur le territoire de Mars** — qu'elle soit sous Mercure, sous Jupiter ou dans la Plaine de Mars — indique un homme qui aime se bagarrer pour le plaisir. Il est souvent agressif et... capable de tout. Sa vie sera jalonnée d'obstacles. Il y a danger de mort violente si la croix est sur Mars, mais aussi sous le mont de Jupiter (voir b) 5).

La Lune est le royaume de l'imaginaire et de la rêverie. **Une croix sur le mont de la Lune** indique une imagination trop grande qui empêchera le sujet de réaliser ses ambitions : il vivra complètement en dehors de la réalité et décevra ses proches ainsi que lui-même. Si on y remarque plusieurs croix, c'est signe de folie, déterminée par le mont le plus développé de la main (voir b) 6).

Une croix sur le mont de Vénus indique une influence sentimentale pouvant être fatale : le sujet négligera son travail et sacrifiera son avenir à un amour qui détruira sa vie (voir b) 7).

Une croix sur les lignes

Si les croix apparaissent sur les lignes, elles indiquent des obstacles.

Une croix sur la ligne de Vie indique une opération, un accident ou une maladie (voir c) 1).

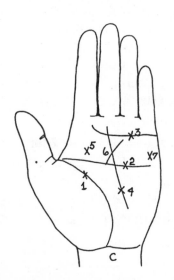

Située sur la ligne de Tête, la croix signifie blessure à la tête ou stress cérébral consécutif à une trop grande tension au travail (voir c) 2).

Sur la ligne de Coeur, la croix annonce une peine d'amour ou un problème cardiaque (voir c) 3).

Située n'importe où **sur la ligne de la Destinée,** la croix indique une perte de fortune ou d'affection. Le sujet sera confronté à des obstacles insurmontables (voir c) 4). Si l'ensemble des autres lignes le confirme, elle peut signifier une mort accidentelle.

Si la croix est placée **dans l'espace compris entre la ligne de Coeur et la ligne de Tête,** elle indique beaucoup de mysticisme et de spiritualité, c'est pourquoi on l'appelle la **Croix mystique** (voir c) 5).

Généralement, la Croix mystique occupe le centre de cet espace, mais elle peut être placée à gauche ou à droite de la ligne de la Destinée.

En plus de signaler le mysticisme du sujet, la Croix mystique indique un intérêt profond pour les sciences occultes, que ce soit le tarot, les lignes de la main, l'interprétation des rêves, etc.

Placée près de Jupiter, elle révèle que la personne se livrera à des études parapsychologiques pour son propre plaisir.

Placée au centre de l'espace, en travers de la ligne de la Destinée, donnant ainsi l'impression qu'elle fait corps avec elle, la Croix mystique indique que les études, pour le sujet, deviendront une véritable passion, et qu'il les poursuivra jusqu'à la spécialisation (voir c) 6). L'occultisme jouera un rôle prépondérant dans sa carrière. Le porteur d'un tel signe a des chances de cristalliser ses recherches dans des livres. Il ne faut pas oublier que la Croix mystique doit exister dans les deux mains, et qu'une des branches de la croix doit faire partie de la ligne de la Destinée.

Si la Croix mystique est située sous le mont de Mercure, près du mont de la Lune, le sujet s'intéressera beaucoup plus à l'aspect superstitieux des sciences occultes. La connaissance de soi, le désir de s'améliorer et d'aider les autres sont des dimensions qui lui échapperont complètement (voir c) 7).

L'étoile

L'étoile est un signe passionnant. Elle brille et elle éclaire. Elle peut aussi éblouir, aveugler et anéantir.

Selon sa position dans la main elle peut être favorable ou défavorable. Elle indique un événement qui, en dehors de notre libre arbitre, nous fera atteindre des sommets insoupçonnés : elle annonce la fatalité, positive ou négative, et une prédestination à de grandes choses.

La signification exacte doit toujours être confirmée par d'autres signes dans la main gauche, et la réalisation qu'elle annonce doit se retrouver, par la même étoile, dans la main droite.

Une étoile sur les monts

Sur le mont de Jupiter, l'étoile montre l'ambition satisfaite, la réussite totale. Elle est présente dans les mains des étoiles de cinéma par exemple, leur succès étant à l'échelle mondiale. Elle est la promesse du pouvoir, des honneurs, d'une haute situation (voir d) 1).

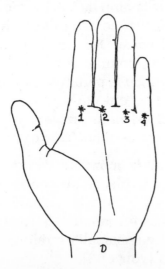

Sur le mont de Saturne, l'étoile indique une fatalité négative. Elle annonce un événement qui dépasse les prévisions humaines. Napoléon et Hitler avaient une étoile sur Saturne. Si d'autres signes le confirment, la tradition veut qu'elle indique la mort par assassinat ou une probabilité de mort sur l'échafaud. Si l'étoile est située à l'extrémité de la Saturnienne, c'est une grande fatalié qu'il faut essayer de prévoir afin, si possible, de l'éviter (voir d) 2).

Sur le mont d'Apollon, l'étoile indique la richesse et la célébrité apportées par le hasard. Cette richesse peut quelquefois être fatale. La célébrité peut être tapageuse, scandaleuse et de mauvais goût; elle est alors acquise à la suite d'un procès retentissant ou d'un scandale (voir d) 3).

Sur le mont de Mercure, l'étoile indique un succès évident dans le commerce, les sciences ou l'éloquence. Les affaires seront florissantes. D'autres signes dans la main devraient préciser la carrière devant être choisie (voir d) 4).

L'étoile sur le mont de Mars (sous Jupiter) est la promesse d'une haute distinction ou de célébrité dans la carrière militaire. Une telle personne s'illustrera, d'une façon décisive, sur le champ de bataille, devant l'ennemi. Wellington, vainqueur de Napoléon à Waterloo, possédait cette étoile (voir e) 1).

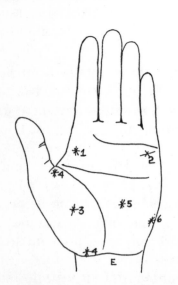

Sur le mont de Mars (sous Mercure), l'étoile indique des victoires remportées non pas sur le champ de bataille, mais dans l'arène de la vie, face à l'existence. Des situations difficiles, comme la mort d'un parent ou la perte totale d'une fortune, ont été surmontées. C'est le signe évident d'un *self-made-man* (voir e) 2).

Sur le mont de Vénus, si elle est placée au centre de celui-ci, l'étoile signale le succès en amour. Cette personne possède un magnétisme et une sensualité qui lui rendent toutes les conquêtes faciles (voir e) 3).

Cependant, si l'étoile est placée tout au bas du mont de Vénus ou encore, au-dessus de la ligne qui sépare la deuxième phalange du pouce du mont lui-même, elle indique que des malheurs seront causés par l'autre sexe et que toute la vie en sera perturbée (voir e) 4).

Sur le mont de la Lune, l'étoile indique que le sujet parviendra à la célébrité grâce à son imagination et à son esprit créateur. Il faut être attentif cependant, car d'autres signes négatifs peuvent annoncer des malheurs occasionnés par une imagination débordante, pouvant aller parfois jusqu'à la folie (voir e) 5).

Placée du côté de la percussion, mais toujours sur le mont de la Lune, l'étoile, si elle est bien faite et si elle possède un point en son centre, indique souvent une opération (voir e) 6).

Placée au milieu du mont de la Lune, et très visible, l'étoile indique une noyade, le risque d'une noyade ou la peur de se noyer.

Une étoile sur les lignes

Après avoir décrit les différentes significations de l'étoile sur les monts de la main, voyons maintenant comment il faut l'interpréter, si elle est placée sur les lignes.

Sur la ligne de Vie, l'étoile, à l'instar de la croix, annonce une infirmité mortelle, si elle est visible dans les deux mains. Dans la main gauche seulement, elle indique une possibilité d'amputation ou de blessure grave. Il est absolument nécessaire que cette étoile soit parfaitement nette pour qu'il ne subsiste aucun doute à ce sujet (voir f) 1).

L'étoile placée sur la ligne de Tête annonce un danger de folie, soit pour la personne elle-même, soit pour un membre de sa famille, ou pour quelqu'un de son entourage (voir f) 2).

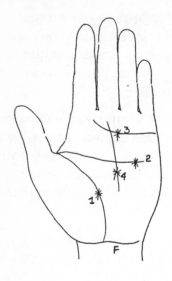

Sur la ligne de Coeur, l'étoile signifie une possibilité de syncope ou de faiblesse cardiaque pouvant entraîner une mort violente et inattendue (voir f) 3).

Sur la ligne de la Destinée, l'étoile annonce, comme la croix, une perte de fortune ou d'affection ou encore, des obstacles insurmontables. Si d'autres signes le confirment, elle signale une mort accidentelle (voir f) 4).

Le triangle

Le triangle indique une aptitude particulière dans un domaine bien spécifique. Il prendra une signification différente selon le mont ou la portion de ligne où il est situé. De façon générale, le triangle indique que le sujet possède le flair, le don de la science.

Un triangle sur les monts

Sur le mont de Jupiter, le triangle indique la science de la diplomatie. La personne a de grandes idées. Napoléon possédait un triangle sur Jupiter (voir g) 1). Il signale aussi une facilité certaine pour s'exprimer; l'éloquence du sujet peut facilement convaincre et soulever les foules.

Sur le mont de Saturne, le triangle annonce une science ténébreuse basée sur la tristesse, la crainte de l'enfer et la magie noire (voir g) 2).

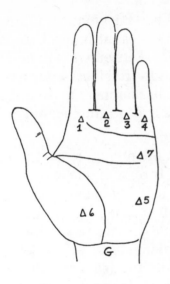

Sur le mont du Soleil, le triangle signale la créativité, la science dans les arts. Pensez à Léonard de Vinci (voir g) 3).

Sur le mont de Mercure, il indique du flair en politique. Il annonce aussi le savant, l'érudit et le chercheur. Il signale, de plus, le sens inné des affaires. Plusieurs commerçants et personnes d'affaires prospères ont sûrement un petit triangle sur Mercure (voir g) 4).

Un triangle **sur le mont de la Lune** révèle la sagesse dans le mysticisme et la science de la raison; malgré une imagination débordante, le sujet saura contrôler ses peurs et ses appréhensions (voir g) 5).

Sur le mont de Vénus, le triangle annonce du calcul en amour : le sujet sera plus sélectif dans le choix de ses affections et saura «se placer les pieds» grâce à ses relations ou ses unions amoureuses (voir g) 6).

Un triangle **sur le mont de Mars** indique un habile stratège militaire. Celui-ci possède la science du déploiement. Ses habiles calculs le mèneront à la victoire (voir g) 7).

Un triangle sur les lignes

Voyons maintenant ce que le triangle signifie, s'il est placé sur les lignes principales de la main.

Un triangle **sur la ligne de Tête** est un très bon signe : nous sommes en face d'un inventeur, d'un créateur. Cet individu possède la science de la création, celle-ci peut s'exprimer dans tous les domaines possibles. Le sujet, par exemple, sera écrivain et, grâce à son imagination, il inventera des personnages de romans et des intrigues. Un autre présentera une nouvelle méthode d'enseignement ou élaborera un nouveau programme. Un troisième pourra présenter un nouveau produit sur le marché. On peut dire, en bref, que nous sommes en face d'un intellectuel créateur (voir h) 1).

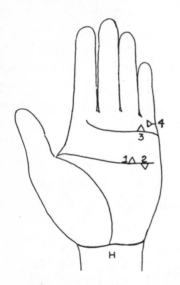

Cependant, si le triangle est inversé et que la pointe se dirige vers le bas, mais qu'il reste quand même lié à la ligne de Tête, sa signification devient négative. Le sujet aura peut-être des idées, des projets, mais quelque chose, un obstacle par exemple, empêchera la réalisation de ceux-ci. Il n'a pas la volonté réelle d'agir, de passer à l'action.

Car ce n'est pas tout d'avoir des idées; tout le monde en a! Ceux qui réussissent n'ont peut-être qu'une seule idée, mais ils ont la volonté ferme de la réaliser (voir h) 2).

Un triangle **sur la ligne de Coeur** signale que la personne saura toujours se sortir d'une façon élégante de ses problèmes de coeur. Elle peut même faire en sorte que ce soit l'autre qui désire la quitter, mais, au fond d'elle-même, ce sera elle qui aura tout manigancé (voir h) 3).

Un triangle **à la fin de la ligne d'union.** Nous avons déjà expliqué sa signification lorsque nous avons abordé les lignes d'amour (voir chapitre 9), mais il n'est pas superflu d'y revenir.

Lorsqu'une ligne d'union se termine par une fourche et que cette fourche est fermée par une ligne verticale, elle signifie la séparation ou le divorce. Cette rupture, malgré tout, apportera un certain avantage d'ordre pécuniaire, comme une certaine somme d'argent ou une pension alimentaire (voir h) 4).

Le rectangle et le carré

Ces deux signes ont pour moi la même signification. Ils sont des signes protecteurs. Selon la position qu'ils occupent dans la main, ils protègent de certains dangers. Ils annoncent aussi la puissance, l'énergie de l'organe qu'ils représentent. Ils apportent la justesse, le bon sens.

Le rectangle et le carré amplifient les qualités des monts sur lesquels ils se trouvent. Ils sont un gage de pondération, de prudence instinctive qui empêche d'aller trop loin. C'est l'équilibre, le juste milieu, dans le domaine de l'éloquence, par exemple, si un de ces signes est **sur Jupiter** (voir i) 1).

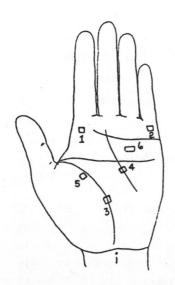

Ce sera l'équilibre dans les affaires, si le carré ou le rectangle est **sur Mercure** (voir i) 2).

En plus de signaler l'équilibre, ces deux signes indiquent que rien de fâcheux ou de grave ne peut survenir. Une personne pourra perdre sa fortune ou être au bord de la faillite, mais il surviendra toujours un événement qui fera tourner le vent en sa faveur. On dirait qu'un ange gardien veille sur elle, guide ses pas.

Sur la ligne de Vie, le rectangle protège le sujet d'un danger de mort (voir i) 3).

Sur la ligne de la Destinée, le carré met le sujet à l'abri de pertes sérieuses (voir i) 4).

Sur le mont de Vénus, près de la ligne de Vie, le rectangle ou le carré indique que le sujet aura déjà entré au couvent ou dans les «ordres», ou qu'il aura fait de la prison (voir i) 5). Cela peut sembler insolite, mais il ne faut pas oublier que les prisonniers sont quelquefois plus en sécurité derrière les barreaux qu'en liberté.

Il arrive souvent de voir un carré ou un rectangle entre la ligne de Tête et la ligne de Coeur (voir i) 6). La personne qui a un tel signe semble protégée par les dieux. Une bonne étoile guide ses pas, et même s'il lui arrive des événements fâcheux, elle saura toujours tirer de ses expériences malheureuses un enrichissement qui la fera progresser vers le succès.

La grille

La grille a toujours une signification négative. Elle est un obstacle. Elle s'oppose à l'absorption du fluide généreux. Elle emprisonne les forces de la matière.

Dans nos maisons, les grillages aux fenêtres empêchent les insectes d'entrer à l'intérieur. Ils tamisent aussi la lumière. Les grilles des prisons empêchent les détenus de s'enfuir.

De même, une grille dans la main indique que le sujet affrontera des difficultés et des obstacles. La grille se rencontre souvent sur les monts de la main : elle annonce l'erreur, et finalement l'échec, dans le domaine symbolisé par le mont sur lequel elle se trouve.

Une grille sur les monts

Sur le mont de Jupiter, la grille indique la superstition, la force paralysante de pouvoirs inconnus... ou de l'enfer. Elle annonce aussi l'égoïsme (voir j) 1).

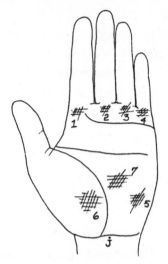

Sur le mont de Saturne, la grille signale l'impuissance du sujet devant un destin inclément. Celui-ci se sentira dépassé par les événements, incapable de réagir (voir j) 2).

La grille est le signe d'une vie malheureuse, provenant d'un amour non partagé, d'une situation non satisfaisante, ou d'une santé précaire.

Sur le mont d'Apollon, la grille annonce la non-réalisation de projets. Des obstacles viennent contrecarrer, anéantir les efforts du sujet. La vanité et le désir de fausse gloire empêchent celui-ci de réaliser ses ambitions (voir j) 3).

Sur le mont de Mercure, la grille amène l'impuissance, à différents degrés, selon le sujet. Si l'influence néfaste est morale, elle mènera à la folie. Si cette influence est matérielle, elle dénote, dans le domaine des affaires, un penchant au vol, à la ruse et au mensonge (voir j) 4).

Sur le mont de la Lune, la grille annonce que la personne baigne dans une tristesse chronique, une inquiétude maladive, un mécontentement continuel. Elle ne voit que le côté pessimiste des choses. Elle vit dans la peur constante d'être malade et peut facilement développer des maladies imaginaires. Un tel sujet semble condamné au malheur. Il ne veut pas, inconsciemment bien sûr, être heureux (voir j) 5).

Sur le mont de Vénus, la grille indique la lascivité, le goût des choses obscènes et perverses, surtout si le mont de la Lune est rayé d'une infinité de petites lignes verticales. Cette personne ne vit que pour le sexe et rêve d'accomplir des prouesses sexuelles qui ne sont pas décrites dans les livres... (Voir j) 6).

Dans la plaine de Mars, la grille signale une impuissance morale à vaincre les problèmes de la vie, la pauvreté matérielle. Le sujet ne possède pas l'énergie nécessaire pour lutter : il rend les armes avant d'avoir engagé le combat. La grille peut signifier la folie si d'autres signes le confirment (voir j) 7).

La fourche

La fourche est un signe habituellement négatif. Il faut se rappeler que toute ligne qui se divise perd de sa force, comme tout fleuve qui doit se séparer lorsqu'il rencontre une île sur son parcours, ralentissant ainsi sa course. Cependant ce n'est pas nécessairement désastreux, même s'il y a déception ou ralentissement.

L'expérience m'a confirmé qu'une fourche qui pointe vers le haut est négative. Si elle pointe vers le bas, elle est beaucoup plus significative quant à l'ampleur et la gravité d'un événement. Il faut bien examiner si la fourche part de la ligne elle-même, ou si elle n'est qu'un embranchement de la ligne principale. Dans ce cas, l'embranchement est tout à fait positif.

Une fourche sur les monts

Une fourche, **sur le mont de Jupiter,** indique des espoirs déçus causés par un orgueil exagéré. Les désillusions se rapportent surtout aux relations amoureuses (voir k) 1).

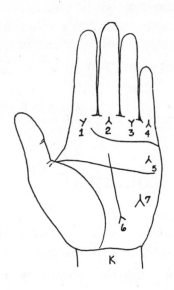

Sur le mont de Saturne, une fourche descendante signale des dangers potentiels; mais si elle s'élève vers la racine du médius, elle annonce le succès. Ce succès sera plus évident vers la fin de la vie, et la vieillesse sera heureuse (voir k) 2).

Selon la tradition, une fourche **sur le mont d'Apollon** indique des talents artistiques inutilisés, le plus souvent par manque de méthode ou par paresse. Le sujet a perdu son temps à s'interroger, sans jamais pouvoir se fixer, sans jamais prendre de décision. Ce manque de décision est confirmé par une ligne de Tête courte (voir k) 3).

Une fourche **sur le mont de Mercure** annonce du gaspillage, tant sur le plan moral que sur le plan matériel. Elle peut signifier la banqueroute et l'insuccès en affaires. La perte d'argent est certaine si la fourche est descendante (voir k) 4).

Sur le mont de Mars, la fourche, comme les lignes verticales, indique une possibilité de maladie transmise sexuellement ou d'opération aux organes génitaux (voir k) 5).

Sur la ligne de la Destinée, une fourche qui apparaît au début de celle-ci indique que l'enfance du sujet a été marquée par la perte de son père ou sa mère. Cet enfant a été ballotté et incompris. Il est passé d'un foyer d'accueil à un autre, ou a vécu à l'orphelinat (voir k) 6).

Cette fourche indique aussi que le sujet aura de la difficulté à prendre des décisions, qu'il sera toujours hésitant. L'esprit et le coeur ne semblent pas être sur la même longueur d'onde, provoquant ainsi une incertitude chronique. L'étude des lignes de Tête et de Coeur nous révèle si le côté cérébral l'emporte sur le côté sentimental, et vice versa.

Une fourche **sur le mont de la Lune** n'annonce rien de bien réjouissant. C'est le signe de l'excentricité, de la sottise, d'un déséquilibre mental pouvant aller jusqu'à la folie (voir k) 7).

Les lignes horizontales

Les lignes horizontales sont souvent invisibles à l'oeil nu. Pour bien les voir, je conseille l'utilisation d'une loupe.

Sans avoir la signification d'une grille, qui, comme nous l'avons vu, annonce des difficultés quasi permanentes, la ligne horizontale présage un obstacle passager que le sujet saura probablement surmonter.

Une ligne horizontale sur les monts

Sur le mont de Jupiter, les lignes horizontales signifient des obstacles à la réussite. Le succès professionnel sera le résultat de luttes continuelles et d'efforts de volonté constants (voir l) 1). Si ces lignes sont légèrement incurvées et qu'elles se dirigent vers Saturne, elles annoncent des troubles circulatoires dans les jambes, résultant souvent d'une vie trop sédentaire (voir l) 2).

Sur le mont de Saturne, les lignes horizontales indiquent que les désirs du sujet sont constamment contrariés par le destin. Des embûches s'élèvent sur son passage et la vie ne sera pas facile. La fatalité semble lui jouer des tours (voir l) 3).

Les lignes horizontales **sur le mont d'Apollon** nuisent à la satisfaction des désirs, des ambitions. On les remar-

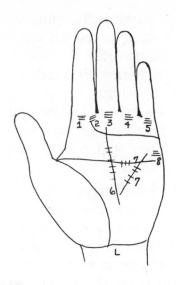

que quelquefois chez ceux qui n'ont pas beaucoup d'idéal (voir l) 4).

Sur le mont de Mercure, les lignes horizontales ne sont pas heureuses. Elles annoncent des obstacles en affaires (voir l) 5).

Sur la ligne de la Destinée, les lignes horizontales signalent des difficultés, des désillusions, par rapport à la carrière ou au travail (voir l) 6).

Des lignes horizontales **sur les lignes de Tête, de Coeur ou de Santé** indiquent des obstacles momentanés se rapportant soit à la tête, soit à l'amour, soit à la santé (voir l) 7).

Sur le mont de Mars, les lignes horizontales sont souvent une indication de bronchite ou de tuberculose pulmonaire (voir l) 8).

Sur le mont de Vénus, *une seule ligne horizontale*, profonde et très visible, donnant l'impression d'un sillon, et placée dans le premier tiers supérieur du mont, indique un amour unique. Le sujet n'aura qu'un seul amour dans sa vie et il comblera tous ses désirs. C'est un signe de mariage heureux (voir m) 1).

Si cette partie supérieure du mont de Vénus (le premier tiers) est rayée d'*une infinité de petites lignes horizontales*, ces dernières indiquent un amoureux cérébral (voir m) 2). Très souvent, son amour restera au niveau de l'esprit, et la personne aimée ne sera même pas au courant de la passion qu'elle suscite. Si son amour se concrétise, le sujet accordera beaucoup d'importance aux qualités d'esprit de la personne aimée. Ce sera une union très bien assortie sur le plan intellectuel.

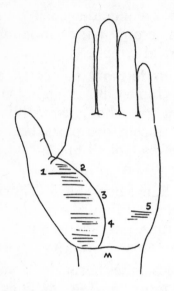

Si de nombreuses lignes horizontales apparaissent dans la
partie centrale du mont (le
second tiers), elles indiquent
un amoureux romantique.
Les soupers à la chandelle et
les promenades au clair de
lune feront partie de sa vie
(voir m) 3).

Si les lignes horizontales
sont plus nombreuses dans la
partie basse du mont de
Vénus (le dernier tiers), elles
annoncent un amour sensuel,
axé sur le plaisir et le sexe
(voir m) 4). Un nombre plus ou moins grand de lignes horizontales dans cette zone indique un nombre plus ou moins
important de passions, d'affections, d'amourettes.

Sur le mont de la Lune, les lignes horizontales indiquent
des dangers potentiels relatifs à l'eau : danger de noyade,
ou problèmes de rein ou de vessie, l'eau ayant un rapport
direct avec ces deux derniers organes (voir m) 5).

18

La main: apparence générale

Lorsque je touche à une main, ma première impression est tactile. Il y a d'abord la chaleur dégagée par la main: elle est chaude ou froide. Il y a ensuite la souplesse ou la dureté de celle-ci.

La seconde impression est la couleur de la main: elle peut être rose, tirant sur le rouge, jaune ou grise.

Ces impressions, je dois le dire, se confirment toujours au fil de l'analyse des lignes de la main.

Ce qui m'attire ensuite, c'est l'équilibre entre la paume de la main et les doigts, car nous avons vu au début de cet ouvrage que la main est divisée en deux parties principales: la paume et les doigts. Cet équilibre est très important, car déjà au premier contact je connais un peu le sujet qui est devant moi. Je n'ai pas besoin de vous dire qu'il y a des mains sympathiques, au départ, et d'autres qui sont carrément antipathiques: les mains ont leur personnalité propre, comme les individus.

Si la longueur de la paume, c'est-à-dire la distance entre la racette et la racine des doigts, est égale à celle du médius, il y a alors équilibre entre le côté pratique et le côté idéaliste du sujet (voir a) 1).

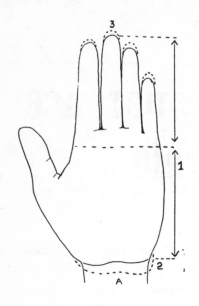

Si, par contre, la paume est plus longue que le médius, elle révèle une personne pratique, qui a le sens de l'organisation et qui sait où elle va (voir a) 2).

Si, au contraire, le médius semble plus long que la paume, il annonce une personne rêveuse, n'ayant aucun sens pratique, qui meublera son existence de chimères (voir a) 3).

Si la paume est forte, très grande et très large, et qu'elle semble disproportionnée par rapport aux doigts, elle est l'indice de malice et de violence. Elle dénote une nature dangereuse qui risque le déséquilibre.

Si la paume est étroite, mais forte, elle indique un caractère sensuel et irritable.

Si, tout en étant étroite, la paume semble faible et molle, elle est signe d'étroitesse d'esprit, d'entêtement, d'impressionnabilité et d'intelligence lente.

Une main bien proportionnée possède une paume un peu plus grande que la longueur des doigts et est à la fois souple et ferme au toucher. Elle dénote une intelligence vive, une grande sensibilité et un caractère empreint de loyauté et de droiture. Si la paume est dure et ferme, elle signifie une grande activité physique, le goût des sports et du mouvement. L'individu est cependant violent et sa sensibilité est équivalente à zéro.

Le dos de la main peut nous apporter des indications précises. Si la peau est souple et que je peux la plisser facilement entre mon pouce et mon index, elle indique un être souple qui s'adapte facilement aux circonstances nouvelles.

Si, au contraire, la peau est dure et raide et qu'on ne peut la plisser, elle annonce une personne qui change difficilement d'avis : elle est conservatrice et manque de souplesse.

Si les veines sont visibles, protubérantes, et qu'elles vous frappent au premier coup d'oeil, elles indiquent un stress intérieur omniprésent. Ces personnes vivent une inquiétude permanente; elles veulent probablement changer des choses chez les autres, et cela les maintient sous une tension constante. Ce sont des perfectionnistes qui veulent changer le monde et qui n'acceptent pas, inconsciemment, que les autres pensent différemment et vivent autrement qu'elles.

Je conseille à ces personnes d'exprimer leurs opinions et leurs désirs, mais de laisser vivre les autres comme ils l'entendent et de ne plus s'en faire avec cela. Oui, je sais que c'est très vite dit, et que ce n'est pas facile à mettre en pratique. Malheureusement, l'expérience que nous avons acquise profite peu à ceux que nous voulons aider.

Si ces veines sont permanentes et qu'elles apparaissent même après de bonnes nuits de sommeil, elles indiquent que cette personne a vécu des drames, des épreuves très profondes; les veines révèlent les peines.

Les taches brunes qui apparaissent sur le dos de la main, vers l'âge de 60 ans, sont peut-être normales mais peuvent aussi signaler un vieillissement prématuré de l'organisme. Si elles apparaissent chez des sujets plus jeunes, autour de 40 ans, elles indiquent une faiblesse ou un problème rénal.

19

Les doigts

La forme générale de la main révèle la mentalité du sujet, sa vie émotionnelle et instinctive. Les doigts font partie du premier monde, le monde spirituel, et sont la marque de l'individualité.

C'est dire l'importance qu'il faut attacher à leur examen. Mais, encore ici, il faut insister sur le fait que tout signe possède une valeur relative et qu'il s'inscrit dans l'ensemble des autres signes, toute proportion gardée.

Les doigts sont aussi importants que la paume lorsqu'il faut étudier la personnalité de celui ou de celle qui est devant nous. Chaque phalange doit être considérée avec une attention particulière, d'abord isolément, puis comparativement aux autres phalanges.

La forme des doigts

La tradition classe les doigts en trois catégories principales : les doigts pointus, les doigts carrés et les doigts spatulés.

Les doigts pointus prennent une forme plus ou moins effilée (voir a). Ils appartiennent aux imaginatifs, aux intuitifs, aux rêveurs. Les artistes, les femmes bien souvent, et les poètes ont des doigts effilés, soit coniques, soit poin-

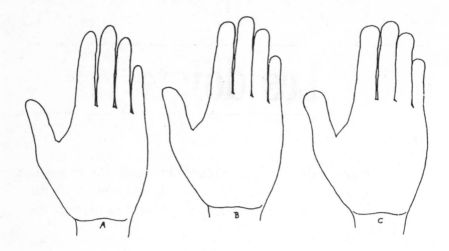

tus. Cette forme de doigts est parfois signe de paresse physique, de lascivité, de sadisme, de mensonge et d'escroquerie.

Les doigts carrés prennent une forme rectangulaire à leur
extrémité (voir b). Ce sont les doigts de la raison, de l'esprit
positif. On les rencontre chez les bourgeois, les ingénieurs,
les médecins et les professeurs.

Cette forme de doigts indique une grande intellectualité
chez les sujets mais ces derniers ont tendance à suivre la
tradition : il leur est difficile de sortir des sentiers battus.
Ils forment la base de notre société. Leur esprit pragmati-
que leur permet de comprendre la théorie et de la mettre
en pratique. On rencontre beaucoup de fonctionnaires, de
bureaucrates et de professeurs qui ont cette forme de doigts.
Ils ne sont pas nécessairement attirés par les idées inno-
vatrices. Ils ont tendance à être pédants, sûrs d'eux-mêmes,
et donnent parfois l'impression d'être seuls à posséder la
vérité.

Les doigts spatulés ont la forme d'un trapèze, la grande
base se trouvant à l'extrémité de l'ongle (voir c). C'est le
signe des réalisateurs, des entrepreneurs, des innovateurs.

On peut les rencontrer, bien sûr, dans tous les milieux, c'est-à-dire chez les intellectuels comme chez les manuels. Mais, le plus souvent, ces doigts appartiennent aux artisans plus qu'aux artistes. Si la forme spatulée est excessive, ou si tous les doigts sont spatulés, cela indique un certain matérialisme et, souvent, de la grossièreté.

Nous venons d'étudier la forme terminale des doigts, mais si nous regardons les doigts dans leur ensemble, la chiromancie traditionnelle classe les doigts en six groupes distincts :

Les doigts longs. Ils sont le signe de la patience et de l'amour du détail. Ils dénotent des êtres qui réfléchissent et qui possèdent l'esprit d'analyse. De la réflexion naissent la précision, la minutie, et aussi la lenteur.

Les doigts courts. Ils révèlent de l'impatience et de l'intuition. Ils désignent des personnes qui préfèrent la précipitation et sont possédées par la hâte fébrile d'arriver au but, des gens qui voudraient terminer une chose avant de l'avoir commencée. Les doigts courts annoncent un esprit de synthèse très développé.

Les doigts épais. Ils appartiennent aux gens pratiques qui ont le goût des plaisirs matériels et de la richesse.

Les doigts minces. Ils sont signe d'idéalisme et signifient que les personnes sont détachées des problèmes matériels, soit par goût, soit par nécessité. Les richesses terrestres n'offrent aucun intérêt pour elles.

Les doigts noueux. Les doigts noueux indiquent la réflexion, la concentration, la solitude. Ils signalent l'amour de la précision et la méthode dans l'analyse. L'esprit d'analyse est plus grand ici que chez les doigts longs. Les noeuds, qui sont l'épaississement des os aux articulations, appartiennent aux savants, aux calculateurs, aux méticuleux.

Les doigts lisses. Les doigts lisses révèlent de la spontanéité et de l'inspiration. Les gens sont encore plus spon-
tanés que ceux qui ont les doigts courts. Ce sont des
personnes inspirées, dominées par l'instinct. Les doigts
lisses appartiennent aux grands artistes. Dali avait les doigts
lisses.

Il est très rare que tous les doigts aient la même forme.
Dans une main normale, équilibrée, il arrive que le petit
doigt soit plus pointu que les autres doigts, ou que le
majeur présente une apparence spatulée, tandis que les
autres doigts sont plutôt carrés. Nous verrons ce que cela
signifie lors de l'étude détaillée de chacun des doigts.

Les phalanges

Chaque doigt est divisé en trois parties qu'on appelle
phalange.

La première phalange, celle qui contient l'ongle du
doigt, représente les fonctions ou les qualités cérébrales
du sujet. Les penseurs, les esprits cultivés, les intellectuels
ont toujours une première phalange relativement plus longue que les autres. Le goût de la philosophie et des sciences abstraites est indiqué par la forme légèrement spatulée
de la première phalange.

La deuxième phalange, celle du centre, indique l'équilibre qui existe entre les facultés cérébrales du sujet, lesquelles sont représentées par la première phalange, et le
sens pratique, représenté par la troisième phalange. Si cette
deuxième phalange est plus longue que les autres, elle
indique que le raisonnement et les qualités d'ordre positif
prédominent. Si la deuxième phalange est plus courte, elle
indique que le rêve et la soif d'idéal l'emportent sur le côté
pratique.

La troisième phalange représente le domaine matériel, la force des intérêts, les impressions sensuelles du sujet. Si cette phalange est épaisse, elle annonce une nature voluptueuse qui aime le confort matériel et qui a le goût du luxe. Si cette phalange est sèche ou maigre, elle signifie sécheresse du coeur. Bien proportionnée, cette phalange révèle de la douceur, de la bonté, et parfois même du dévouement.

20

Le pouce

Le pouce est situé sur le côté de la main et il est lié à la vie consciente. Il exprime la puissance vitale et l'énergie.

Certains chiromanciens hindous jugent le pouce si important qu'ils se contentent de n'examiner que lui pour faire leurs observations et leurs prédictions.

Les Chinois ont une méthode d'analyse fondée uniquement sur le réseau des vaisseaux capillaires de la première phalange du pouce.

Les Gitanes basent la plupart de leurs interprétations sur l'examen du pouce.

Chez les Romains, on se rappelle que le langage du pouce était très important. Pour donner leur approbation, pour conférer puissance de loi à leurs opinions, les Romains n'avaient pas besoin de parler : ils appuyaient le pouce sur l'index. Par ailleurs, quand il s'agissait de marquer leur entière réprobation, ils renversaient le pouce en arrière et le dirigeaient vers le sol. On le voit, le doigt tout-puissant ordonnait la mort du gladiateur blessé, tombé dans l'arène. On obéissait à l'ordre du pouce : le gladiateur était achevé sur place.

La position et l'anatomie du pouce lui confèrent une importance capitale. En effet, nous l'avons vu dans le chapitre sur les parties de la main, le pouce et l'index dominent, à eux deux, le quart de la main.

Newton avait, tout comme Décartes et Voltaire, un pouce très grand. On rapporte une phrase célèbre de Voltaire, en rapport avec le pouce : «À défaut d'autres preuves, le pouce me convaincrait de l'existence de Dieu.»

Si on compare la main à un zodiaque en miniature, on constate que le pouce est logé dans *la première maison*, siège de l'individu, de l'intérêt personnel et de la situation sociale.

Le pouce est étroitement lié aux événements extérieurs de notre vie et traduit tout naturellement la qualité ainsi que la quantité d'énergie que nous déployons.

Tous les caractères du pouce méritent notre attention.

Il faut considérer : 1) sa position, 2) l'écart qu'il présente avec l'index, 3) sa forme plus ou moins droite, 4) sa longueur et 5) la longueur proportionnelle de ses phalanges entre elles.

Sa position

Le pouce n'est pas un doigt, à proprement parler. Il est plus que cela. Le pouce fait cavalier seul. Il impose à la main une certaine silhouette selon qu'il forme avec l'index un angle plus ou moins ouvert. Le pouce suffit pour juger une personne. Il freine les impulsions, car les doigts ne peuvent saisir sans sa permission. Le pouce représente la raison, il transforme la main en une pince à la fois puissante et délicate. On peut imaginer une main amputée d'un doigt, mais il est plus difficile d'imaginer une main amputée du pouce; elle ne pourrait alors que toucher, que palper.

L'écart avec l'index

Il est important de mesurer l'angle que le pouce forme avec l'index (voir a).

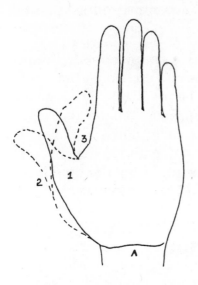

La meilleure façon de vérifier l'angle ainsi formé est de faire poser sur une surface plane la main soumise à votre observation. Si la main offre un angle de 45 à 60 degrés, celui-ci indique que la personne est très intuitive et que ses décisions sont instantanées. Elle ne peut expliquer logiquement sa façon d'agir, mais sait d'instinct ce qu'il faut faire (voir a) 1).

Dans la pratique de tous les jours, il serait bon de considérer avec soin l'angle du pouce chaque fois qu'une relation est sur le point de débuter entre deux personnes. Quelquefois, lors d'une consultation, on me demande si la personne aimée est celle que l'on devrait choisir pour la vie. Je conseille de regarder l'angle du pouce ... tout simplement. Ce n'est pas infaillible, bien sûr, mais c'est une indication qui vient confirmer ou infirmer ce que l'on pense.

Que ce soit pour former une équipe de travail, ou pour une liaison amoureuse, il est souhaitable que les partenaires présentent, sinon une même ouverture d'angle, tout au moins des angles assez semblables. Des fiancés ayant le même angle du pouce trouveront toujours du plaisir à parler ensemble; ils auront une même vitesse d'observation, une rapidité d'esprit analogue.

L'angle du pouce ne gagne pas à être trop ouvert, car l'exagération dénote un déséquilibre. La rapidité devient alors précipitation, le don de la réplique immédiate se traduit par du bavardage, du verbiage. Un pouce trop décollé ne s'encombre pas de la finesse du détail et manque de tact, très souvent. Il peut facilement devenir emporté et brutal (voir a) 2).

Si, au contraire, le pouce semble s'approcher de l'index et des autres doigts et forme avec eux un paquet incapable de se détacher, la tendance n'est pas meilleure que le pouce décollé. Ces gens ne se livrent pas facilement; ils s'enorgueillissent de beaucoup réfléchir et communiquent le moins possible avec autrui. Ils sont renfermés, cachotiers; ils ont peur de révéler ce qu'ils sont. Ils ont des tendances marquées pour la dissimulation et le mensonge (voir a) 3).

Sa forme

Certains pouces ne sont pas droits et s'infléchissent vers la paume (surtout la première phalange); ils semblent crochus. Un tel pouce annonce un égoïsme très développé. Le mensonge et la fourberie sont les armes favorites des personnes qui possèdent de tels pouces. Celles-ci ne cessent de leurrer tout le monde, en plus d'elles-mêmes (voir a) 3).

Les gens aux pouces crochus ne sont pas beaux joueurs, ils sont dangereux. Si leurs désirs ne se réalisent pas, ils sont prêts à répandre les calomnies les plus viles sur ceux qui portent ombrage à leurs désirs. En un mot, ils n'ont aucune conscience morale.

Si le pouce possède une articulation tellement souple que la phalange onglée est non seulement courbe, mais bascule vers l'extérieur (voir b), elle révèle beaucoup de souplesse, tant au point de vue physique que sur le plan moral.

Au point de vue physique, cette personne se préoccupe beaucoup de garder la forme... et la ligne. Ses articulations étant très souples, elle a peut-être étudié la danse, prati-

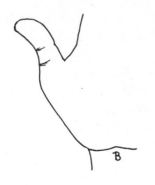

qué le yoga, etc. C'est une personne sportive qui adore le plein air, les grands espaces.

Sur le plan moral, cette personne possède un grand charme et une vive sensualité. Elle est facilement portée à l'exagération. Ces personnes ont aussi un constant besoin d'encouragement, de félicitations lorsqu'elles font quelque chose. Regardez le pouce d'un chanteur, d'un acteur, ou d'une chanteuse qui passe à la télévision. Aussitôt la chanson terminée, l'artiste attend les applaudissements... et c'est normal. S'ils ne viennent pas, il s'effondre, il manque d'oxygène.

Quelle que soit la carrière qu'elles auront choisie, les personnes ayant un pouce qui bascule vers l'extérieur devront être félicitées, encouragées constamment, car leur équilibre émotionnel est fragile.

Cette souplesse morale peut aller, si elle est exagérée, jusqu'à l'immoralité. Ce sont des personnes aux conquêtes faciles et nombreuses, car elles dégagent beaucoup de charme et de sensualité.

Si le pouce est droit, et normalement écarté, formant un angle de 70 à 75 degrés, il annonce un bon équilibre psychique (voir c).

Si le pouce semble vouloir se cacher et disparaître derrière le mur des quatre autres doigts, il n'inspire pas confiance. Il dénote une impuissance pouvant dégénérer en une obsession du sexe. On le rencontre d'ailleurs chez les maniaques sexuels (voir d).

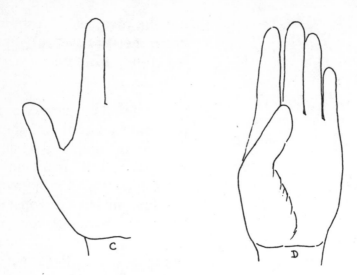

Sa longueur

La taille globale du pouce nous fournit des indications précieuses sur le comportement du sujet face au monde extérieur. Il faut distinguer un pouce long d'un pouce court.

Un pouce est court quand, la main appuyée sur une surface plane et le pouce ramené vers l'index, le sommet de la phalange onglée ne dépasse pas la première jointure de l'index. Plus le dépassement est important, plus le pouce est long, et plus le caractère du pouce long est prononcé.

Le pouce long révèle un tempérament de chef, tandis que le pouce court indique un tempérament de soldat, de serviteur. Dans un ménage, regardez la longueur des pouces et vous verrez qui est le chef.

Le pouce porte la marque du talent ou du génie et les grands pouces appartiennent aux individus qui possèdent une faculté d'adaptation particulière aux conditions de l'existence.

Les grands pouces sont supérieurs aux petits, en ce sens qu'ils savent apprécier ce qu'ils reçoivent d'autrui et qu'ils le mettent à profit pour leur propre perfectionnement intellectuel et moral. Ce sont aussi des êtres discrets. Un grand pouce est un pouce «capable» qui révèle à la fois une énergie profonde et vive et une personnalité affirmée.

Les petits pouces sont facilement influençables et ils ne savent pas garder pour eux les impressions qu'ils reçoivent. Ils sont bavards, et par surcroît, ils répètent mal ce qu'ils ont entendu. Ils font de grossières erreurs d'interprétation faute d'avoir vraiment saisi le sens des paroles entendues.

Il faut cependant dire, avant de terminer ces réflexions sur la longueur du pouce, que les personnes les plus agréables sont celles qui possèdent un petit pouce. Elles ont peut-être moins de raison que celles qui ont un grand pouce, mais, par contre, elles ont plus de coeur.

La longueur proportionnelle des phalanges

La première phalange du pouce, celle qui est onglée, nous informe sur la volonté du sujet. Elle nous renseigne aussi sur son monde spirituel (voir e) 1).

La deuxième phalange est associée à la faculté de raisonnement de la personne. Elle renseigne sur l'esthétique foncière de l'individu (voir e) 2). Si la première phalange est plus longue que la deuxième, le sujet a plus de volonté que d'intelligence. Et inversement, si la deuxième phalange est plus longue que la première, le sujet a plus d'intelligence que de volonté.

Le pouce est le seul doigt de la main qui n'a que deux phalanges. Ce qui pourrait être considéré comme la troi-

sième phalange est en définitive le mont de Vénus, que
nous avons étudié antérieu-
rement.

Une phalange onglée, lon-
gue et robuste est signe d'une
énergie régulière, active, et
d'une ténacité marquée.

Si la phalange onglée est
courte et sans vigueur, elle
indique un potentiel d'énergie faible qui dénote un complexe d'infériorité empêchant
toute réalisation.

La première phalange du pouce

Une première phalange déformée et spatulée (voir f) qui
donne l'impression d'une masse et dont l'ongle est plus
large que long est le signe des fonceurs que rien n'arrête.

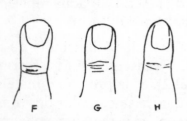

Si cette phalange est
plus longue que la
deuxième, elle indique
une volonté inébranlable
de réussir. Aucun obsta-
cle ne résiste à un tel
pouce. Si quelqu'un lui
barre la route, cette personne sera renversée
quel que soit son lien de parenté. Un individu possédant
un tel pouce n'a aucune pitié et n'a qu'une seule idée en
tête : réussir par tous les moyens et à n'importe quel prix.

Le pouce carré est le pouce des gens pratiques et débrouillards (voir g). C'est le pouce de la mécanique, de l'organisation, de la méthode.

Le pouce pointu annonce que le sujet déborde d'énergie (voir h).

Son rythme est rapide et il lui arrive de manquer de souffle, de ténacité pour continuer. L'énergie d'un pouce semblable est faiblement dirigée; elle est vacillante en qualité et insuffisante en quantité, car on ne peut pas toujours vivre sur la corde raide.

La deuxième phalange du pouce

Elle renseigne sur la faculté de raisonnement du sujet. Elle révèle sa logique. Si cette phalange est grande et épaisse, le sujet réfléchira longuement avant d'agir, car ce signe indique le degré de contrôle sur la manifestation de l'énergie vitale.

Une phalange de la logique trop longue aura tendance à tuer toute action. Une hésitation constante lui fera perdre des chances d'agir en temps opportun. Il faut un juste équilibre entre ces deux phalanges pour affirmer que le sujet réalisera ses désirs. On peut dire qu'il possède alors un bon pouce. Il n'est pas nécessaire que la longueur des deux phalanges soit exactement la même. Un pouce est équilibré lorsque le rapport entre les deux phalanges est de 3 cm/4 cm.

Si un gros noeud, semblable à une bague, s'enroule sur la jointure du pouce, il indique que l'énergie innée du sujet s'épuise inutilement. Il aura tendance à laisser de côté les choses commencées. Il manquera de volonté pour rendre ses entreprises à terme.

Si la première phalange semble soudée à la deuxième
et est incapable de se projeter vers l'extérieur de la main,
ou encore si elle est recourbée vers l'intérieur, la personne
souffre d'insatisfaction chronique et se sent dépassée par
la complexité des problèmes de la vie.

L'implantation du pouce

L'implantation du pouce peut être significative. Un
pouce inséré bas qui émerge de la partie inférieure du mont
de Vénus diminue la qualité d'énergie dirigée vers le
monde, tandis qu'un pouce implanté haut augmente la
qualité de cette énergie. Un pouce inséré bas est un signe
complémentaire de fixation à un parent, qui empêche
l'énergie subjective de tout être de se réaliser en objectifs.

Les lignes sur le pouce

Le pouce individualise la personne; les signes, eux,
déterminent l'individualité. La première phalange du
pouce est associée à la volonté et à la détermination.

La ligne verticale sur la première phalange révèle une
détermination exceptionnelle. Le sujet est très résistant et
applique ses énergies à la poursuite de
ses ambitions, avec constance, ténacité et
détermination (voir i) 1).

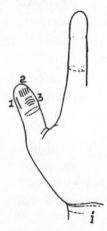

Les lignes verticales sont également
considérées comme très bonnes et indiquent la force de volonté du sujet
(voir i) 2).

La multiplicité des lignes verticales
indique toutefois la dispersion de l'énergie et le manque de concentration, dimi-
nuant ainsi la capacité d'agir avec
détermination.

Les lignes horizontales sur la première phalange du pouce sont un indice d'obstacles qui retardent la réalisation du désir. Chaque ligne signale des difficultés, des frustrations, des déceptions. Chaque ligne indique aussi une mauvaise décision que le sujet aurait prise dans sa vie. On parle ici de décisions importantes qui auront influencé et changé son destin. Il aura des regrets par suite de ces erreurs de jugement, mais le succès arrivera quand même, à moins que d'autres signes viennent indiquer le contraire (voir i) 3).

Les signes sur le pouce

La fourche indique une volonté appliquée à la réalisation de deux désirs, ce qui diminue les chances de réussite (voir j) 1).

Un triangle sur cette phalange onglée révèle la capacité de concentration du sujet, surtout en matière de recherche scientifique. Le sujet possède toutes les caractéristiques du chercheur : il a de l'énergie et de la concentration. Il connaîtra le succès et la renommée (voir j) 2).

Le cercle est un signe brillant, mais rare. Il révèle une grande habileté à s'appliquer, avec constance, à la poursuite de ses propres aspirations. Il est considéré comme un signe de succès. Il marque le triomphe, la réussite totale, dans le domaine choisi (voir j) 3).

La croix sur la première phalange du pouce n'est pas très favorable. Elle est considérée comme la marque d'un individu dissolu, déloyal et amoral (voir j) 4).

Une étoile sur le pouce est également signe d'immoralité. Le sujet est enclin à commettre des actes allant à l'encontre du code moral, religieux ou social. L'individu cédera sans honte à ses mauvais instincts (voir j) 5).

Le carré, comme le triangle, indique une intense concentration du sujet. Mais celui-ci est obsédé par la poursuite de ses propres intérêts. Il développe facilement une attitude égocentrique et ignore les sentiments d'autrui. Il est cependant inconscient de ce défaut. Il est tyrannique et poursuit son chemin, absorbé par ses pensées, se vouant uniquement à sa cause (voir j) 6).

La grille sur la première phalange du pouce n'est jamais un bon signe. Elle signifie l'impuissance devant les événements de la vie et annonce, mieux que les lignes horizontales, les obstacles que rencontrera son possesseur (voir j) 7).

Nous avons terminé l'étude des signes et des lignes que l'on retrouve parfois sur la première phalange du pouce. Habituellement, ils sont peu nombreux : il peut y en avoir un ou deux.

Revoyons ces mêmes signes et ces mêmes lignes mais en les situant cette fois sur la deuxième phalange du pouce.

On remarque qu'ils sont plus nombreux que sur la première phalange.

La seconde phalange du pouce est associée à la logique et au raisonnement.

Les lignes sur la deuxième phalange du pouce

Les lignes verticales sur cette phalange renforcent les heureuses indications fournies par la longueur de celle-ci.

Une seule ligne verticale, clairement indiquée, signale un bon pouvoir de raisonnement. Elle accroît le potentiel d'analyse, de rationalisation et de logique du sujet (voir k) 1).

Si les lignes verticales sont multiples (plus de trois), elles indiquent que l'intelligence et l'esprit d'analyse du

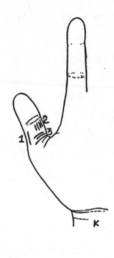

sujet souffrent de dispersion et que l'individu est du type querelleur : il aime la bataille et profite de toutes les occasions pour provoquer des affrontements (voir k) 2).

Les lignes horizontales très nettes et nombreuses affaiblissent, contrairement aux lignes verticales, les qualités de cette phalange. Une ou plusieurs lignes horizontales trahissent un manque de logique et de bon sens. Le sujet a tendance à commettre des erreurs de raisonnement (voir k) 3).

Les signes sur la deuxième phalange du pouce

La croix et l'étoile ne sont pas favorables : le sujet sera à la remorque des événements. Sa réussite ne viendra pas de son mérite personnel, mais sera tributaire de la chance. Le sujet a bon caractère, mais se laisse trop influencer et corrompre par les manoeuvres intelligentes de son entourage. Il aura continuellement des ennuis (voir l) 1).

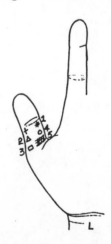

Le triangle révèle un talent certain pour la philosophie et le travail scientifique. Il annonce l'amour de la justice et l'esprit de droiture qui permettent de résoudre les questions les plus épineuses avec doigté et philosophie. Le sujet est sérieux, curieux de savoir, capable de recherche. Ses qualités intellectuelles lui obtiendront une position sociale de prestige dans le domaine de ses connaissances (voir l) 2).

Le carré indique un solide pouvoir de raisonnement et une logique exceptionnelle. La personne aura cependant tendance à se montrer têtue (voir l) 3).

Le cercle, tout comme le carré, mais d'une façon encore plus accentuée, dénote une logique inébranlable, gage d'un rare succès. La logique et le raisonnement du sujet le conduiront au sommet de la réussite (voir l) 4).

La grille vient diminuer les qualités octroyées par la deuxième phalange du pouce. Elle trouble la raison et fait commettre des actes injustes. Elle dénote une application malhonnête des règles de la logique. Le sujet usera de raisonnements fallacieux pour parvenir à ses fins. Bien que doué d'un esprit fin, il ne sera pas capable d'en user de manière saine ou conforme à la morale. La grille aveugle notre logique et nous fait aimer nos vices. Elle nous fait commettre les abus que nous reprochons souvent à autrui (voir l) 5).

21

Le doigt de Jupiter

Dans le langage de tous les jours, on l'appelle l'index. Il commande et ordonne. L'index révèle le comportement particulier du sujet envers le monde extérieur et son attitude fondamentale envers la vie.

Chez les Romains, contrairement au pouce inexorable, l'index réclamait, lorsqu'il était dressé seul, la grâce pour le gladiateur vaincu. C'était le doigt sauveur.

Aujourd'hui, lorsque je donne un ordre à quelqu'un, je pointe l'index vers cette personne ou vers l'objet que je veux lui faire transporter, par exemple. Je joins le geste à la parole. Le geste du commandement se fait toujours avec un index pointé vers les objets ou les gens, tandis que les autres doigts sont repliés à l'intérieur de la main et retenus par le pouce.

On doit toujours examiner le doigt de Jupiter en rapport avec le pouce. Le pouce annonce le degré d'énergie dont dispose le sujet, alors que le doigt de Jupiter révèle ses désirs matériels et ses aspirations.

Un index vigoureux, accompagné d'un pouce faible, empêchera inévitablement la réalisation des buts poursuivis, tandis qu'un pouce vigoureux, allié à un doigt de Jupiter puissant, dénote un degré d'ambition pouvant aller jusqu'au désir de briller coûte que coûte.

En plus de l'ambition, l'index indique le degré d'adaptation d'une personne, sa facilité, son aptitude pour le bonheur. On rencontre des personnes simples qui, sans atteindre un succès foudroyant dans la vie, possèdent une mentalité positive et sont heureuses de leur existence : elles ont obtenu de cette dernière ce que leur tempérament fondamental réclame.

La taille de Jupiter

L'index long révèle une ambition patiente qui sait attendre. Le sujet pourra durant un certain temps occuper une position subalterne, mais soyez assuré que, tôt ou tard, il sera au premier rang et réalisera ses ambitions. Si la première phalange est mince et pointue, le sujet manquera d'énergie pour atteindre la réussite.

L'index court dénote une ambition violente, difficile à freiner.

L'index épais révèle un besoin de jouissance matérielle, d'appétits nombreux et insatiables. De plus, si la main est molle, celle-ci annonce de la paresse et de la gourmandise.

Il faut retenir que l'index dévoile quatre autres traits de caractère : l'observation, la faculté d'adaptation, la perception sensible et le besoin de s'affirmer. Ces traits de caractère indiquent les rapports de l'individu avec le monde extérieur.

Comparaison entre le doigt de Jupiter et le doigt du Soleil

Lorsque j'examine une main, je n'oublie jamais de comparer la longueur du doigt de Jupiter à celle du doigt d'Apollon (voir a).

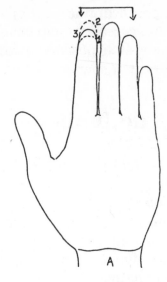

Il faut toujours s'intéresser à cette comparaison : c'est un aspect important de la personnalité du sujet qui nous est révélé. Si l'index est plus court que l'annulaire (voir a) 1), la réussite dans la vie a bien des chances d'être facile. Elle viendra d'elle-même, sans trop réclamer d'efforts : elle concernera surtout l'argent, la réussite matérielle. Cette réussite sera peut-être lente, mais elle viendra : une lutte soutenue par le sujet pour parvenir à ses fins aura été moralement et intellectuellement profitable.

C'est dire aussi que le mérite personnel du sujet aura des occasions de se manifester. Cette personne se verra entourée de la considération du public.

Un index plus court que l'annulaire indique de plus que le sujet préfère la gloire à l'argent.

Un index plus long que l'annulaire (voir a) 2) annonce le contraire : le sujet préfère l'argent à la gloire, il est sa raison de vivre. L'argent est pour lui une fin et non un moyen.

Si l'index est extrêmement court, il révèle une crainte du monde extérieur qui empêche souvent le sujet d'aller de l'avant dans la vie. Ce sont des gens effacés qui préfèrent chercher refuge dans leur rêve, dans leur passe-temps ou même dans leur travail, à la condition que celui-ci ne les oblige pas à des contacts trop intimes ou trop fréquents avec autrui. Au fond, ces gens souffrent d'un complexe d'infériorité, soit apparent, soit caché, qui peut aller jusqu'à paralyser complètement le comportement social du sujet.

Un doigt de Jupiter joliment proportionné (voir a) 3) et de longueur moyenne indique une personne bien adaptée à la vie, sans présomption exagérée et disposée à exploiter les chances que lui offre son milieu social.

La forme du doigt de Jupiter

Si le doigt de Jupiter est difforme, tordu et inesthétique de naissance, il indique un être dangereux. Ne lui confiez pas un secret, ce serait nuisible pour vous. Ne laissez pas traîner vos bijoux, il saura les ramasser. S'il est question d'un accord commercial ou d'une association, fuyez-le le plus rapidement possible. Un index dépourvu d'élégance fait redouter une laideur morale certaine.

Un bel index possède une première phalange plus longue que la seconde; il est très bien formé et est coiffé d'un ongle d'une couleur et d'un aspect esthétiques.

Il faut toujours se rappeler qu'un signe n'a pas de signification en lui-même. On doit le voir et l'interpréter dans son milieu et vérifier par d'autres indices dans la même main si notre jugement est confirmé. Et lorsque la main gauche renforce une chose, on doit alors étudier la main droite afin d'avoir une plus grande certitude.

Il faut garder aussi à l'esprit qu'un excellent indice, dès qu'il est exagéré, devient fâcheux et, par la suite, mauvais. La qualité se transforme alors en défaut et parfois même en vice. Car toute vertu poussée à l'extrême dépasse le but : le bien devient un mal. L'aimable gourmet devient un gourmand, la légitime fierté devient de l'infatuation. Un homme trop rapide devient superficiel, irréfléchi. La lenteur outrée immobilise l'esprit. La facilité d'élocution amène le bavardage.

Un index droit est le signe d'une faculté d'observation bien développée.

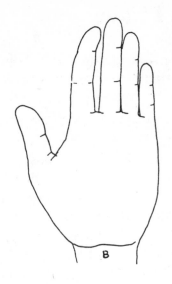

Si l'index s'incline en une large courbe vers le doigt de Saturne, c'est le signe d'une tendance à l'appropriation, dont la force est en fonction de la courbure du doigt. Si le doigt est fortement incurvé vers Saturne, c'est le goût démesuré de la possession, pouvant aller jusqu'à la kleptomanie. Moins prononcée, la courbe indique un collectionneur (voir b).

D'une façon générale, toute inclinaison de Jupiter traduit une absence de relations spontanées avec le monde extérieur.

L'étude des phalanges du doigt de Jupiter

La première phalange indique le degré de mysticisme et le sens philosophique du sujet. Elle concerne aussi les sciences occultes, la théologie, la métaphysique et la magie.

Longue, la première phalange révèle un être qui est toujours à la recherche de la vérité : c'est un idéaliste.

Courte, elle signale un manque d'idéal ; le sujet est sceptique, incrédule, matérialiste.

Charnue, la phalange onglée de l'index indique le fatalisme et la sensualité, surtout si l'extrémité est carrée.

Spatulée, l'extrémité du doigt annonce un désir intense de lutter pour faire triompher ses idées. C'est le disciple inconditionnel, par exemple, qui n'a qu'une seule idée en tête : recruter de nouveaux adeptes.

La forme de l'index

La forme ronde de la partie onglée indique que le doigt s'adapte facilement aux circonstances et accepte avec souplesse les nouvelles théories et le progrès.

La forme carrée signale un esprit qui ne se pose pas trop de questions : il est simple sans être simpliste.

La forme conique est très fréquente chez les femmes. Elle indique la curiosité intellectuelle, le goût d'apprendre, le goût de la lecture. La personne veut acquérir le plus grand nombre de connaissances possible pour le simple plaisir de satisfaire sa curiosité. Un bel index appartient aux érudits. Ils sont souvent des autodidactes qui ont continué à étudier toute leur vie, même en travaillant. Les index bien droits aiment la culture en général qui leur apporte le bonheur du seul fait de s'y adonner.

Lorsqu'une main s'ouvre devant vous, remarquez bien l'index, car il vous parle déjà! S'il semble avoir de la difficulté à suivre les autres doigts, et que, de ce fait, la première phalange s'incurve vers la paume, il indique de l'égoïsme, de l'intransigeance et des préjugés personnels indéracinables.

Si, au contraire, l'index est très souple et se retourne vers le dessus de la main, par en arrière, il indique une grande facilité d'adaptation. Il annonce le politicien ou le diplomate qui navigue au milieu de théories diverses et qui sait s'adapter aux circonstances : il donnera raison à celui dont il a le plus besoin et qu'il juge le plus fort.

La signification des signes sur l'index

D'une façon générale, on peut dire que les signes sur les premières phalanges des doigts sont peu nombreux. Ils sont plus considérables sur les deuxièmes phalanges et leur nombre augmente encore plus sur les troisièmes phalanges.

Les signes sur la première phalange de l'index sont plus ou moins négatifs.

La première phalange de l'index

Les lignes sur la première phalange de l'index

Une ligne verticale, claire et bien définie est une indication exceptionnellement propice pour qui mène une vie active. Le sujet possède un sens religieux profond et est capable d'exprimer son exaltation spirituelle dans sa vie quotidienne. Il influence son entourage par sa conduite toujours empreinte de morale et de spiritualité. Les gens d'Église possèdent cette ligne verticale (voir c) 1).

Plusieurs lignes verticales annoncent le fanatisme religieux et l'exagération mystique (voir c) 2).

Des lignes horizontales nombreuses sur la première phalange du doigt de Jupiter ainsi qu'une croix nettement formée accentuent le fanatisme et signifient un déséquilibre philosophique. Ces lignes conduisent aux fantaisies, aux idées superstitieuses et irréligieuses qui ont un effet négatif et souvent diabolique sur les autres personnes (voir c) 3).

Les signes sur la première phalange de l'index

L'étoile est un signe très rare. Pour être complète, elle doit avoir au moins cinq branches, être nette et bien définie. C'est un signe exceptionnel de fortune indiquant un événement d'une importance primordiale dans la vie du

sujet. Ce changement apportera des bénéfices matériels ou spirituels (voir d) 1).

Un triangle net et clair sur la première phalange de l'index est un signe fort intéressant. Il indique une aptitude innée pour les études théologiques, occultes ou magiques. Le sujet est intéressé par la recherche dans un de ces trois champs d'activité. Il consacrera sa vie à étudier et à se spécialiser dans l'une de ces branches. Il réussira à en tirer des résultats de valeur et sa contribution dans ce secteur spécifique sera reconnue (voir d) 2).

Le carré ou le rectangle s'associent à l'idée de protection du mal. Comme cette région du doigt révèle une tendance aux visions dangereuses, aux fantaisies et aux rapports avec la magie et l'occultisme, le carré protège efficacement contre l'exagération dans ce domaine. Le sujet se maintiendra dans les limites de la modération (voir d) 3).

Le cercle sur la phalange onglée de l'index indique le triomphe de la foi. Le sujet possède des convictions religieuses profondes qui l'aideront à vaincre plutôt que de céder au découragement. Sa foi inébranlable le tire des situations les plus étranges, les plus difficiles, les plus dangereuses (voir d) 4).

Une île sur la première phalange n'est pas un très bon signe. Elle dénote des tendances amorales : le sujet est attiré vers des activités douteuses (voir d) 5).

La grille est le pire signe que puisse porter la première phalange du doigt de Jupiter. C'est l'indice du zèle poussé jusqu'au fanatisme. Le sujet possède une mentalité étroite : il est insensible à la signification profonde de la religion et s'arrête au symbolisme extérieur. Son zèle et son fanatisme pourraient l'amener à faire des gestes répréhensibles sur le plan religieux ou sur le plan politique. Il pourrait même aller jusqu'à la violence ou au meurtre, ce qui entraînerait l'emprisonnement. Sans aller jusque-là, il peut se sentir dégoûté par son entourage et il rêvera de se réfugier dans une retraite ou un couvent afin de s'isoler de la vie normale (voir d) 6).

La seconde phalange de l'index

Si la première phalange du doigt de Jupiter nous renseigne sur le mysticisme de celui qui nous consulte, et sur son intérêt pour les sciences occultes et la magie, la seconde phalange doit être examinée en fonction de l'ambition et de l'intérêt du sujet pour la politique.

Si elle est longue, la deuxième phalange possède les qualités pratiques qu'on reconnaît à Jupiter : l'ambition, la politique, la prudence.

L'ambition de cette personne est bien définie et bien déterminée. Son mérite personnel est évident et ses chances de succès sont certaines, car elle possède le goût de l'effort nécessaire à la réussite.

Si elle est courte, la deuxième phalange de l'index révèle un être passif qui manque d'énergie. Le sujet sera incapable de faire les efforts nécessaires pour atteindre une situation sociale brillante. Il préfère parfois subir cette situation qu'il n'aime pas plutôt que de prendre les moyens pour s'en sortir.

Les lignes sur la deuxième phalange de l'index

La deuxième phalange du doigt de Jupiter porte beaucoup plus de signes que la première. Il est même assez rare de la trouver complètement lisse.

Une ligne verticale nette et claire est une indication exceptionnellement brillante. C'est le signe d'une ambition

noble et d'un effort soutenu pour atteindre l'objectif sou-
haité. Le sujet maîtrise l'art de la manipulation : il sait se
servir des circonstances et des personnes pour atteindre
le succès (voir e) 1).

Plusieurs lignes verticales viennent renforcer les chances de réussite. Même si le triomphe se fait attendre, il sera au rendez-vous.

Cependant, si les lignes verticales sont confuses et onduleuses, elles sont un mauvais
présage. Elles indiquent une forte ambition
accompagnée d'aspirations peu valables. Le
sujet est fauteur de troubles, c'est un élément
malsain de la société. Il est préférable d'éviter toute amitié, tout rapport d'affaires, ou toute relation
intime avec un tel individu (voir e) 2).

D'une façon générale, on peut dire que les lignes verticales sont favorables à la réalisation du désir.

Les lignes horizontales, si elles sont nombreuses, forment à ce moment-là une grille avec les lignes verticales.
Comme on le sait, la grille est toujours négative.

Du désir à la réalisation, la personne rencontrera des obstacles, des contrariétés, des retards. La poursuite de ses
ambitions sera plus difficile que prévue.

Mais si les lignes horizontales sont très nombreuses, elles
signifient que la personne est envieuse et fait partie de la
classe des ratés. Elle est douée d'ambition, certes, mais sera
portée à employer la ruse pour parvenir à ses fins. Son
esprit retors la rend malheureusement peu digne de confiance (voir e) 3).

Les signes sur la deuxième phalange de l'index

Une fourche oblique un peu en travers dont l'un des
rameaux se termine dans la première phalange de l'index

n'est pas un bon signe. Elle signifie que le sujet, malgré son ambition et ses efforts constants, aura peu de succès. Il sera en butte à la malchance et aux malheurs à cause d'un défaut de caractère : il créera lui-même des situations qui l'empêcheront toujours de poursuivre ses objectifs de façon saine et constructive (voir f) 1).

Une croix sur cette phalange peut indiquer des amis puissants et de belles relations, mais la tradition l'associe à un formidable succès littéraire, à un «best-seller» (voir f) 2). Si elle se trouve au centre de la phalange, elle annonce un encouragement sérieux de la part de ceux qui protègent les ouvrages littéraires. Si cette croix est située sur l'articulation, entre la première et la deuxième phalange, elle annonce un succès littéraire soudain qui apportera d'excellents résultats sur le plan financier et une renommée internationale. Le sujet deviendra une personne de lettres distinguée et honorée.

Une étoile sur la deuxième phalange de Jupiter est l'indice d'une vraie chasteté, d'une noblesse de caractère et d'une vie sans tache. Le sujet a l'étoffe d'un saint; il mène une vie profondément morale et religieuse. Sa renommée dépasse les frontières : les gens accourent de partout pour recevoir sa bénédiction, son aide et son réconfort (voir f) 3).

Le triangle sur la deuxième phalange de l'index a une signification particulière pour tout ce qui concerne les relations avec l'étranger, la diplomatie et la politique. Il procure un formidable ascendant sur les affaires publiques. Le sujet est reconnu et estimé comme un négociateur politique, brillant et distingué (voir f) 4).

Le carré annonce une ténacité à toute épreuve. Le sujet vise très haut et sa manière de se frayer un chemin peut susciter l'envie dans son entourage ou dans son milieu de travail. Mais il sait manoeuvrer intelligemment dans toutes les situations de manière à parvenir à ses fins sans se créer d'ennemis, sans trop éveiller l'envie ou susciter d'autres réactions négatives (voir f) 5).

Le cercle sur la deuxième phalange de Jupiter est synonyme d'un succès immortel. Il est porteur de circonstances favorables et de récompenses. Cette particularité appartient à un artiste dont le message et la valeur éternelle de son oeuvre iront droit au coeur : son oeuvre lui survivra longtemps (voir f) 6).

La grille, comme toujours, est un mauvais signe : c'est l'indice d'un escroc. Le sujet triche et trompe, il est indigne de confiance. Il est en quelque sorte un élément négatif pour la société, cherchant toujours à créer des complications, des malentendus et des difficultés énormes à ses associés (voir f) 7).

Il peut exister une ligne verticale très longue partant du mont de Jupiter en traversant la troisième phalange pour s'arrêter dans la deuxième phalange de l'index (voir g) 1).

C'est un signe intéressant et rare. Cette ligne confère la noblesse de caractère, l'ambition et de hautes aspirations qui apporteront honneurs et distinctions. Cette marque se trouve dans la main de personnes dont les mérites et les actions honorables les conduiront à agir pour le bien collectif. Elles feront progresser l'humanité.

La troisième phalange de l'index

Elle nous renseigne sur la sexualité du sujet. Le terme *sexualité* est employé ici dans son sens le plus large : il est associé au plaisir sous toutes ses formes, aussi bien au plaisir charnel qu'à la conquête des plaisirs matériels.

Longue, cette troisième phalange de Jupiter indique une ambition intense dirigée vers un seul but. C'est le signe d'une forte personnalité au service de la réalisation de son «moi».

Courte, cette phalange annonce une personne timide, sans ambition, effacée. Elle présage le plus souvent la misère, car il est certain que, sans passion et sans but, il n'y a pas d'effort soutenu pour mériter le succès.

Charnue et épaisse, cette troisième phalange, surtout si le doigt est droit de sa racine à son extrémité, est le signe de sensualité. Elle appartient à un gourmet, gourmand. Le sujet n'est pas seulement un amateur de bons vins... il peut être aussi un alcoolique invétéré. La personne possédant une telle phalange attache beaucoup d'importance à son confort personnel : elle aimera le luxe, l'amour de la forme et de la beauté. Si vous remarquez l'anneau de Vénus dans sa main, elle sera sensuelle et aura un penchant marqué pour la sexualité.

Si elle est à la fois *charnue et longue,* cette phalange est signe de réussite matérielle : le sujet pourra satisfaire ses désirs de luxe.

Si la troisième phalange vous apparaît *sèche et longue,* elle indique l'ascétisme, le mépris des plaisirs de la vie et aucun désir de se les procurer.

Les lignes sur la troisième phalange de l'index

Une seule ligne verticale corrige les excès de la convoitise matérielle. Elle fait disparaître les habitudes grossières et permet au sujet de mener une vie plus équilibrée (voir h) 1).

Les lignes verticales multiples (plus de quatre) indiquent la multiplicité des ambitions du sujet et sa capacité à les

réaliser. Son unique préoccupation sera la course aux richesses et aux biens matériels. Il deviendra très riche et mènera une vie luxueuse. Si d'autres signes confirment cette tendance, il sera extrêmement fortuné. C'est donc le signe d'un être capable de travailler sans répit et qui possède un potentiel de réussite immense (voir h) 2).

Si les lignes verticales sont *onduleuses*, *abondantes* et mal faites, elles accentuent la gourmandise chez le sujet qui a une phalange charnue, et l'ivrognerie chez celui qui a une phalange sèche et longue.

Si les *lignes verticales sont vagues* ou quasi inexistantes, au point de se servir d'une loupe pour les voir, elles annoncent une propension à la gourmandise ou aux plaisirs sensuels sans que le sujet, toutefois, tombe dans un dérèglement perturbateur; il peut céder à ses impulsions de façon occasionnelle, mais il sait retrouver le chemin de la modération.

Les lignes horizontales sur la troisième phalange du doigt de Jupiter ont une signification particulière : elles indiquent la possibilité d'un héritage, de bénéfices ou de gains monétaires. Les personnes qui portent de telles lignes recevront beaucoup d'argent (voir h) 3).

La ligne transversale unique indique aussi une tendance irrépressible à ne rien se refuser : l'intempérance guette le sujet. Il aime la bonne chère et, à la longue, son estomac et sa digestion en souffriront. Ces lignes transversales révèlent également que le sujet aime faire étalage de sa richesse et jeter de la poudre aux yeux. C'est un prodigue aussi : il dépense sans compter et se donne du mal pour plaire aux gens. Il suscite parfois de l'envie et de la jalousie. Cette personne adore les flatteries et les compliments. Elle devra s'entourer d'amis sincères qui comprendront ses faiblesses et seront disposés à lui pardonner sa vanité.

Les signes sur la troisième phalange de l'index

Une fourche ou une ligne semi-verticale qui forme une fourche en sa partie supérieure est plutôt rare, c'est pourquoi il faut la noter avec soin (voir i) 1).

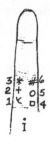

Elle indique un sujet ambitieux, enclin à faire des projets grandioses, extraordinaires, spectaculaires. Son but sera difficilement atteint à cause d'erreurs d'évaluation. Il subira de très lourdes pertes matérielles s'il n'arrive pas à retenir son ambition excessive qui pourrait le conduire à la misère et au malheur.

La croix sur la troisième phalange du doigt de Jupiter révèle un sujet vulgaire, malsain et peu fiable (voir i) 2). Il apporte des chagrins et des malheurs, car il a le don d'attirer les autres sur une mauvaise voie. La croix fait craindre une mauvaise réputation, une vie immorale et dépravée.

L'étoile se retrouve chez les courtisanes et les filles publiques (voir i) 3).

Un carré sur la troisième phalange de l'index annonce un être dominateur, enclin à manipuler les autres (voir i) 4). Il est cependant capable de contrôler cette tendance.

Le cercle, sur cette phalange, certifie que le succès dans la branche choisie sera atteint (voir i) 5). La ténacité mènera cette personne au but convoité.

Une grille, comme vous le savez déjà, est toujours un très mauvais signe (voir i) 6). Elle indique la débauche, les passions tyranniques, les abus de toute nature. Celui ou celle qui possède ce signe sur la troisième phalange de l'index a une telle emprise sur les autres qu'il les entraîne facilement dans une vie dégradante et honteuse pouvant aller jusqu'à des activités criminelles.

Pour conclure cette étude sur la forme, les lignes et les signes du doigt de Jupiter, on peut dire qu'il n'est pas souhaitable de trouver sur ses phalanges autre chose que des lignes verticales.

Toute ligne tordue ou horizontale formant avec les lignes verticales des grilles, des croix, des fourches, etc., ou toute autre figure géométrique plus ou moins nette, est un présage néfaste, soit du point de vue psychologique, soit du point de vue de la santé. L'autorité que l'individu doit avoir sur lui-même est alors perturbée, et celle qu'il a sur autrui est réduite.

22

Le doigt de Saturne

Le doigt de Saturne est le doigt de l'équilibre et de l'harmonie. Il est le doigt du destin. Il est associé au mysticisme et à l'amour de la solitude. Il concerne aussi les sciences exactes et, dans des cas spécifiques, l'agriculture et les mathématiques. Les mauvais penchants qui s'y rattachent sont l'égoïsme et l'avidité.

Comme nous l'avons vu au début de cet ouvrage, lors de l'étude des zones de la main, le doigt de Saturne se trouve entre les deux moitiés de la main et il représente les aspects conscient et inconscient de la vie. Il est comme le point de rencontre des deux mondes. On peut dire qu'il indique le degré d'équilibre entre les deux. Il agit comme médiateur entre le «moi» et le «ça».

Le médius renseigne sur ce que peut devenir la vocation ou les dons innés de l'individu face à sa destinée. Il révèle la lutte d'un être bien doué qui ne veut pas se laisser emporter par les circonstances et qui entend conserver son libre arbitre.

Un doigt de Saturne affecté de la moindre anomalie traduit un déséquilibre entre le conscient et l'inconscient.

La taille de Saturne

Le médius long (voir a).

A
LONG

Il est souhaitable que le médius soit long non seulement parce que la main sera plus belle d'aspect, mais également pour tout ce que cette haute taille sous-entend. Il en est pour le médius comme pour le pouce et l'index : bien fait, harmonieux, proportionné au reste de la main, il est un signe excellent.

On trouve généralement un long doigt de Saturne dans la main d'un intellectuel.

Une longueur excessive du médius est la marque de celui dont l'esprit tend vers une abstraction qui le coupe du reste du monde. L'érudit qui connaît chaque détail d'une période historique, mais qui est si absent du présent qu'il ne peut traverser la rue sans accident, est un exemple éclatant d'un majeur long. Une telle exagération de la fonction intellectuelle déséquilibre un individu et trouble l'harmonie de sa vie.

Le médius court se rencontre généralement dans la main d'un sujet plus intuitif, moins intellectuel. Il est fréquent chez les artistes et chez ceux dont les réactions émotionnelles sont vives, surtout si l'extrémité des doigts est pointue.

Un médius tordu, trop noueux, trop lisse ou trop pointu indique un être naturellement triste qui retourne contre la société le malaise qu'il ressent presque sans cesse en lui-même (voir b). Il ne crée pas de bonheur autour de lui et il n'a surtout pas confiance en l'avenir. Il distille constamment du pessimisme. Il est un être destructeur de tous les plaisirs, à commencer par ceux qui sont les plus licites et les plus normaux.

Un tel conjoint fera du foyer conjugal un lieu propre à dégoûter tout mari ou toute femme de bonne volonté de tout ce à quoi ils ont droit et qui pourrait les retenir au coin du feu.

Ces tristes doigts de Saturne méprisent tout ce qui rend la vie agréable, joyeuse et même tentante. Ils inventeront des objections méprisantes dans tous les cas et pour tout.

La première phalange du doigt de Saturne

La première phalange du médius s'associe à la prudence, à la superstition et à la mélancolie. Si elle est trop développée, elle signale le pessimisme de la personne et une tendance aux idées noires.

Si cette phalange onglée est épaisse, elle annonce un esprit matérialiste pour qui l'apparence physique n'a aucune importance.

Si la première phalange du médius s'incline vers la paume, comme si elle était incapable de se redresser, elle accentue les mauvaises qualités de Saturne. Elle donne un caractère grognon, taciturne, méfiant et avaricieux.

Si la première phalange du médius s'incline vers Jupiter (voir c), elle diminue le mysticisme et le pessimisme. Le sujet prend la vie comme elle vient sans se préoccuper du lendemain. Il préfère les satisfactions présentes à celles que lui promettent les philosophies et les religions. Il peut être religieux mais dans le sens concret du mot.

Si la première phalange du doigt de Saturne s'incline plutôt vers l'annulaire, elle indique (voir d) un individu épris d'idéalisme qui a le sens du beau, qui aime la gloriole et les satisfactions vaniteuses. C'est un sujet qui soigne sa réclame, qui aime faire parler de lui et qui fait

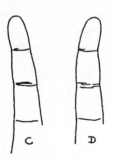

connaître ses mérites. Son talent lui permet de réussir plus rapidement.

Les lignes sur la première phalange du doigt de Saturne

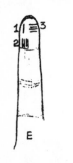

Les lignes sur cette première phalange ont une signification précise.

Une ligne verticale (voir e) 1), si elle est nette et claire, indique que le sujet est en proie à des tourments et à des craintes secrètes qui trahissent un manque d'espoir et un profond pessimisme. Cette personne tend à s'isoler de la société et à ruminer les moindres choses. Elle pense au suicide sans cependant passer à l'acte.

Les lignes verticales nombreuses (voir e) 2) nous disent que le pessimisme du sujet est encore plus profond que s'il n'y en avait qu'une. Le sujet n'a confiance qu'en lui-même. Son désir de la mort est constant et toujours présent à son esprit. Chaque journée lui apporte la preuve que la vie ne vaut pas la peine d'être vécue. Il est continuellement tourmenté et manque d'équilibre et de confiance en lui.

Les lignes horizontales se remarquent généralement chez ceux qui se suicident (voir e) 3) ou qui parlent à chaque instant de le faire.

Des lignes multiples et tortueuses sur la phalange onglée sont un mauvais présage. Le sujet possède un esprit retors qui l'amènera dans une série de mésaventures dont l'issue lui sera probablement fatale. C'est un être qui semble incapable d'user de son intelligence pour échapper à sa vie misérable.

Les signes sur la première phalange du médius

La croix indique un déséquilibre moral (voir f) 1). Le sujet ne croit en rien : ni au pouvoir divin ni aux hommes. Il n'accepte aucun code moral. Il est irrespectueux et insensible face aux obligations sociales et morales. Il est constamment en rébellion contre ce qui est bon, honnête ou spirituel. Sa vie est une suite d'actes immoraux, de crimes et de superstitions. Son existence est misérable et solitaire. Dans ses moments de désespoir, il pourrait attenter à ses jours.

L'étoile est le signe d'un destin peu commun, soit en bien, soit en mal (voir f) 2). Le sujet sera appelé par un concours de circonstances fortuites à jouer un rôle important et durable dans les affaires de son époque. Si d'autres signes dans la main annoncent des influences néfastes, le sujet ne pourra pas se libérer de situations fâcheuses et deviendra le jouet d'événements pouvant causer la destruction, la rébellion ou la révolte. Son action aura une influence durable sur la société et son nom passera à l'histoire.

Le triangle est un signe heureux (voir f) 3). Il annonce le savoir, la puissance et un raisonnement infaillible. Ces personnes possèdent un magnétisme puissant qui soulève les foules. Souvent, ces êtres ne sont pas tout à fait conscients du pouvoir qu'ils exercent sur les autres.

Le carré indique le doute intellectuel, le scepticisme (voir f) 4). Il appartient aux jaloux et aux envieux. Le carré agit cependant comme une bouée de sauvetage. Le sujet échappe aux effets de ses mauvaises actions, et bien qu'il soit attiré par l'immoralité, il en évite les excès. Il semble jouir d'une sorte de protection malgré les risques qu'il prend. Il connaît cependant une vie pleine de craintes, d'anxiété et de tensions.

Le cercle est rempli de promesses (voir f) 5). Il montre
que le sujet est enclin au mysticisme et qu'il développe ses
capacités innées de façon efficace. Il évite l'écueil de la
superstition, de la mélancolie et du déséquilibre moral ou
spirituel. C'est un des meilleurs signes qui soient; il est
annonciateur de succès, d'espoir et de spiritualité.

La grille est signe de déséquilibre (voir f) 6). La raison
est obscurcie, les idées sont étroites, l'entêtement va jusqu'à
la bêtise. Le sujet n'a aucune notion du bien ou du mal :
seul son plaisir lui importe et il n'a aucun repentir. Ce sont
des êtres qui ont besoin d'un support psychiatrique pour
s'en sortir.

La deuxième phalange
du doigt de Saturne

D'une façon générale, cette phalange nous renseigne sur
les aptitudes plus ou moins grandes d'un sujet pour les
sciences exactes.

Longue, avec des doigts noueux, elle annonce une tendance à l'analyse. Le goût des mathématiques aussi bien
que de l'agriculture, ou encore des métiers, demande de
la précision et de la réflexion. Si le doigt est lisse en plus
d'une seconde phalange longue, le sujet est attiré par les
sciences occultes.

Courte, cette deuxième phalange du médius est moins
heureuse : elle signale une inaptitude aux travaux deman-
dant de la réflexion.

L'épaisseur de cette phalange indique une prédomi-
nance des aptitudes manuelles sur les aptitudes intellectuelles.

Charnue, la deuxième phalange du doigt de Saturne
indique un goût plus marqué pour l'agriculture que pour
les sciences exactes.

Les lignes sur la deuxième phalange

Une ligne verticale nette et distincte dénote de la sagesse et une compréhension facile de la métaphysique ainsi que des notions spirituelles et ésotériques (voir g) 1).

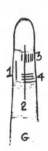 Très jeune, le sujet est enclin aux activités de l'esprit : c'est un intellectuel. Il possède une prudence naturelle et une élévation spirituelle. Cependant, si cette ligne verticale unique se prolonge sur la première et sur la troisième phalange, elle apporte une signification différente : au lieu d'être enclin à la sagesse, le sujet penche plutôt vers la stupidité et le manque de compréhension. Il se complaît dans ses erreurs (voir g) 2).

Des lignes verticales nombreuses intensifient le raisonnement (voir g) 3). Des lignes verticales nombreuses, droites et très serrées se rencontrent souvent chez les occultistes.

Les lignes transversales n'augurent rien de bon (voir g) 4). Le sujet est têtu, inflexible. Il mène une vie misérable, car il est incapable de progresser. Plus ces lignes sont nombreuses, plus l'ignorance et l'inflexibilité sont évidentes et accentuées.

S'il n'y a qu'une ligne transversale, mais qu'elle est épaisse comme un trait de crayon, elle est associée à la drogue et au poison.

Les signes sur la deuxième phalange

La croix appartient à un esprit spéculatif (voir h) 1). Le sujet est attiré par l'aventure. Tout ce qui est incertain et périlleux l'intéresse. Il aime vivre dangereusement et affronter les gens et les situations d'une façon agressive et impulsive.

L'étoile encore plus que la croix indique que le sujet semble inexorablement attiré vers des situations qui pourraient lui être fatales. Il semble poussé par une force aveugle vers son destin (voir h) 2). Les criminels et les assassins possèdent cette étoile sur la deuxième phalange du doigt de Saturne.

Le carré est un signe protecteur (voir h) 3). Il indique cependant que le sujet peut devenir la proie des circonstances.

Le triangle est très prometteur s'il est clair et bien dessiné. Il dénote une aptitude particulière pour les sciences occultes. Le sujet obtiendra succès et distinctions. Ce signe appartient aux voyants (voir h) 4).

Le cercle, comme le triangle, annonce le succès dans le domaine de l'occultisme (voir h) 5). Le sujet possède un pouvoir particulier pour sonder la vie et le destin des hommes. Il saura acquérir un très grand prestige dans ce domaine.

La grille est toujours négative (voir h) 6). Elle indique une prédisposition particulière aux maladies d'origine nerveuse. Le sujet devra mener une vie équilibrée en tentant d'éviter toute cause excessive d'agitation et de fatigue nerveuse.

La troisième phalange du doigt de Saturne

La troisième phalange du médius est associée à la concentration, à l'égoïsme, à l'avarice, à la misanthropie et à un goût plus ou moins prononcé pour les travaux qui demandent de la patience et de la réflexion.

La longueur de la troisième phalange est en rapport avec les qualités matérielles, tandis que **son épaisseur** indique le degré de sociabilité du sujet. Si la troisième phalange est plus longue que les deux autres, elle indique l'avarice.

Mince, elle désigne l'ascète ayant le goût des mortifications et qui est peu enclin aux jouissances matérielles que la vie apporte.

Courte, elle annonce l'économie, la prudence dans les dépenses.

Épaisse et charnue, elle est synonyme de sociabilité et annonce un être sensible à l'amitié et aux plaisirs terrestres.

Les lignes sur la troisième phalange du doigt de Saturne

Une ligne verticale bien définie indique le succès militaire associé à l'habileté, à l'audace et à la stratégie (voir i) 1).

De multiples lignes verticales annoncent une carrière reliée aux mines : le sujet s'enrichira rapidement (voir i) 2). Elles signifient aussi que le sujet possède une facilité pour faire comprendre et transmettre ce qu'il sait. Tout bon professeur possède de telles lignes sur la troisième phalange du doigt de Saturne.

Si les lignes verticales multiples sont confuses, le sujet a une propension naturelle très forte à la mélancolie, à la dépression et à l'anxiété.

Une ligne oblique et très profonde indique un guerrier courageux qui s'illustrera à la guerre et qui frôlera probablement la mort plusieurs fois (voir i) 3).

Les lignes transversales ou horizontales sur la troisième phalange du médius sont négatives (voir i) 4). Le sujet mène une vie misérable et solitaire. Il fuit la réalité, il recherche la solitude et est souvent abandonné par ses enfants et ses amis.

Les signes sur la troisième phalange du doigt de Saturne

La croix se retrouve plus souvent chez les femmes, car elle indique une incapacité interne de concevoir, d'avoir des enfants; cette incapacité est consécutive à un accident quelconque (voir j) 1).

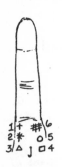

L'étoile est très rare (voir j) 2). Heureusement qu'il en est ainsi, car elle est reliée au meurtre. Le sujet ne commettra pas nécessairement un crime, mais il pourra y être associé ou en être le témoin.

Le triangle signale une aptitude pour les sciences et la diplomatie (voir j) 3). Malheureusement, ces qualités seront employées d'une façon négative. Le sujet se servira de son talent pour provoquer des événements fâcheux et méchants qui menaceront sa vie.

Le carré indique une poursuite incessante de biens matériels (voir j) 4). L'avarice et la passion de l'argent feront que le sujet n'hésitera pas à commettre des gestes illégaux pour s'enrichir. Tous les moyens sont bons pour atteindre cet objectif.

Le cercle révèle des talents certains pour les sciences naturelles et la philosophie (voir j) 5). Le sujet, grâce à sa persévérance, atteindra de très hauts sommets dans la recherche et sera considéré comme une autorité dans son domaine.

La grille, je le répète, est *toujours* un mauvais signe quelle que soit sa position (voir j) 6). On la retrouve fréquemment sur la troisième phalange du doigt de Saturne. Elle indique que l'amour de l'argent rend le sujet malheureux, avare et soupçonneux. L'accumulation de biens matériels ne l'empêche pas de mener une vie misérable et de développer un instinct de protection exagéré : l'argent, qui doit être un moyen pour bien vivre, est devenu pour lui une fin en soi.

23

Le doigt d'Apollon

Si on se réfère au chapitre 3 qui traite des zones de la main, on se rappelle que le doigt d'Apollon indique, avec celui de Mercure, l'aspect subconscient des éléments du tempérament qui sont dirigés vers l'extérieur.

Ces deux doigts sont en étroite liaison avec les relations et les attitudes sociales du sujet, Apollon ayant trait aux relations moins proches, moins intimes que Mercure.

Une très vieille croyance à laquelle les médecins sont restés attachés au XVIe siècle voulait que le doigt d'Apollon, qu'on appelait le doigt médical, fût directement relié au coeur par un vaisseau artériel. En relation avec cette croyance, on conseillait aux médecins de préférer ce doigt à tous les autres pour mêler les médicaments. Il était donc considéré par les anciens comme le doigt le plus chaud parce qu'il était en relation plus directe avec le coeur que les autres doigts.

Si le doigt du Soleil reçoit du coeur une chaleur plus grande que les autres doigts, il reçoit aussi du cerveau une énergie plus grande. Il répond aux nerfs cérébraux qui font vibrer les qualités les plus nobles : il explique la célébrité, le talent, la gloire, comme il peut expliquer la richesse. Les lignes qui annoncent la gloire sont les mêmes que celles qui annoncent la fortune : dans les deux cas, il s'agit toujours de l'or, de l'or spirituel comme de l'or matériel.

Si le doigt d'Apollon a une relation plus intime et plus directe avec le coeur, il transporte plus d'émotivité que les autres doigts et exprime les réactions du sujet aux stimuli émotionnels.

La taille du doigt d'Apollon

L'annulaire bien équilibré, sans rien d'agressif dans sa forme, dans ses dimensions ou dans sa texture, est une marque de stabilité émotionnelle. Comme nous l'avons signalé lors de l'étude de l'index, l'annulaire doit toujours être comparé au doigt de Jupiter.

L'annulaire long proclame le désir de la célébrité et un goût prononcé pour l'art et pour tout ce qui est beau. L'annulaire est long quand il dépasse la hauteur de l'index (voir a) 1).

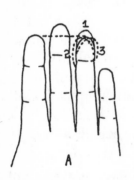

Un long doigt d'Apollon peut signifier aussi un déséquilibre causé par la trop grande préoccupation du sujet pour son monde intérieur, ce qui engendre des tendances à l'introversion.

L'annulaire court est très rare. Il signale d'une façon certaine des difficultés émotionnelles. Il indique aussi que le sujet aime les biens matériels plus que tout. L'annulaire est court quand il est moins long que l'index. Les détenteurs d'un annulaire court ont une tendance marquée pour l'individualisme : leur vie émotive n'est pas conforme au mode général et, par voie de conséquence, ils ont beaucoup de peine à s'adapter à la vie normale. De plus, un doigt d'Apollon court annonce le goût de la gloriole et du spectaculaire, surtout si la première phalange est spatulée.

Un doigt d'Apollon **incliné vers la paume,** donnant l'impression d'avoir de la difficulté à se redresser et à s'ouvrir, indique un sens de l'intuition perturbé. L'importance de cette inclinaison est proportionnelle à celle des troubles. La façon dont le doigt se rapproche de la paume laisse à penser que le sujet essaie de cacher sa vie affective et émotionnelle.

Avant toute réflexion et toute interprétation, il faut déterminer si l'inclinaison du doigt d'Apollon est constante ou fortuite. S'il est possible de redresser le doigt pour le remettre au même niveau que les autres, sans provoquer de douleur ni exercer une forte pression, on peut dire que le doigt exprime un état d'esprit passager.

Un doigt d'Apollon crochu signale une prédisposition aux troubles cardiaques pouvant aller de la mauvaise circulation à des affections plus graves.

La première phalange du doigt d'Apollon

La première phalange nous éclaire sur le goût du sujet pour le beau, c'est-à-dire les arts en général ou pour un art en particulier.

Si la première phalange s'incline vers le doigt de Saturne, elle est la marque de difficultés émotionnelles. L'existence de ces gens est une suite de déceptions provenant de situations génératrices de conflits et de difficultés avec leur «moi» intérieur, aussi bien qu'avec les autres (voir a) 2).

Si, au contraire, la première phalange s'incline vers l'auriculaire, elle indique un art qui, s'appuyant sur la science, est commercialisé. Je pense ici à l'architecte ou à l'ingénieur (voir a) 3).

Une **première phalange longue** appartient à l'artiste qui désire s'élever en travaillant avec énergie. Il a de la suite dans les idées, il adore les arts et la littérature. Il a des pensées nobles et généreuses.

Une **première phalange courte** indique que le sujet aime le beau, mais que sa personnalité est plus conforme aux définitions officielles de l'artiste. Il sera plus calme, plus réfléchi, plus équilibré. Son art sera rempli de simplicité.

Si cette phalange est épaisse, elle annonce la sensualité artistique, l'amour de la forme et des formes. Cet artiste trouve un plaisir sensuel à voir la matière, à la sentir, à la toucher. Il aime tout ce qui est beau et bon.

Une **première phalange charnue** révèle un sculpteur. Si elle est mince, elle annonce un poète.

La forme carrée de la première phalange de l'annulaire apporte de l'ordre dans la conception artistique : c'est la raison dans l'art. Cette forme carrée est celle de tous les artistes qui travaillent plus avec le cerveau qu'avec le coeur. Nous pensons ici aux critiques artistiques ou littéraires, ou aux compositeurs de musique.

La forme spatulée de la première phalange d'Apollon appartient aux artistes qui sont obligés de faire un effort physique pour réaliser leur oeuvre, tels les sculpteurs, les danseurs et les artistes de cinéma.

Les lignes sur la première phalange du doigt d'Apollon

Une **ligne verticale** unique et bien définie annonce que le sujet se consacrera tellement à la réalisation de son art qu'il en oubliera la réalité (voir b) 1). Il deviendra alors excentrique et incapable d'atteindre la beauté.

De nombreuses lignes verticales, plus de trois habituellement, annoncent la dispersion (voir b) 2). Le sujet a du

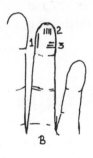

génie, mais il faut craindre qu'il ne puisse réaliser ses idées par manque d'esprit de précision.

Les lignes transversales ou horizontales font craindre que des éléments inconscients s'opposeront au travail de l'artiste. Il aura tendance à répéter les mêmes erreurs et ira de déception en déception (voir b) 3).

Les signes sur la première phalange du doigt d'Apollon

La croix dénote la piété. Vous êtes en face d'un artiste passionné, complètement voué à son art, et qui aspire à créer de belles choses (voir c) 1).

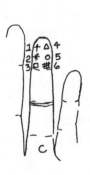

L'étoile est le signe de la créativité et de l'originalité. Elle est le signe de ceux qui explorent des horizons nouveaux, sortent des sentiers battus, et laissent des chefs-d'oeuvre à la postérité (voir c) 2).

Le carré désigne l'artiste qui exerce son talent et son génie de façon équilibrée. Ses aspirations créatrices se traduiront en des oeuvres belles, originales et artistiques (voir c) 3).

Le triangle sur la première phalange d'Apollon indique que les travaux artistiques seront exécutés avec ordre, méthode et équilibre (voir c) 4).

Le cercle annonce la chance, le succès inespéré et inattendu dans le domaine artistique. L'artiste sera reconnu de son vivant et exercera une influence profonde et durable dans le monde de l'art (voir c) 5).

La grille est comme toujours, hélas, un mauvais présage. L'artiste possède peut-être un talent certain, mais son imagination est malsaine. Le déséquilibre et le désordre de son imagination produiront des oeuvres inacceptables au point de vue artistique (voir c) 6).

La deuxième phalange du doigt d'Apollon

La seconde phalange de l'annulaire dévoile les capacités que possède l'être pour passer de l'imaginaire au réel. C'est elle qui permet de mettre en oeuvre ce que la première phalange a conçu. Elle est la preuve de la logique dans l'art, de l'intelligence artistique, du mérite personnel de l'artiste.

Longue, la deuxième phalange d'Apollon nous apprend que le sujet s'est instruit par lui-même et que c'est grâce à son travail et à son mérite personnel qu'il atteindra le succès.

Il faut signaler d'ailleurs que quel que soit le doigt, si la deuxième phalange est plus longue que les deux autres, elle indique toujours que le sujet s'est perfectionné et instruit par lui-même dans le domaine que le doigt représente. Ici, le doigt d'Apollon est associé à l'art.

Courte, la deuxième phalange d'Apollon indique une incapacité de matérialiser ce que l'esprit a conçu. Les idées ne se transforment jamais en actes; elles demeurent au niveau de l'esprit et ne sont en quelque sorte que des spéculations stériles.

Si elle est épaisse, elle signale que le sujet saura tirer un profit matériel et honorifique de son art. Il pourra en vivre. Elle annonce aussi la facilité de l'artiste à s'exprimer à travers son art, tel le romancier prolifique qui apporte chez son éditeur un livre par année.

Si elle est mince, la deuxième phalange de l'annulaire indique un art plus cérébral, plus difficile à faire comprendre. La pratique de celui-ci sera par conséquent plus laborieuse.

Les lignes sur la deuxième phalange du doigt d'Apollon

Une seule ligne verticale est un indice exceptionnel de grande renommée. Elle indique la reconnaissance du génie créateur du sujet (voir d) 1).

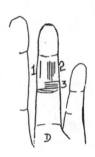

Les lignes verticales nombreuses sont signes de richesse ou d'honneur. Le sujet atteindra le succès dans son art. Cette réussite cependant exigera un prix très élevé : la paix conjugale et les joies sentimentales seront difficiles à atteindre, surtout si les lignes sont fines et serrées (voir d) 2).

Les lignes horizontales indiquent des difficultés, des retards, dans la réalisation de l'oeuvre de l'artiste. Cela engendrera des frustrations et des malheurs (voir d) 3).

Les signes sur la deuxième phalange du doigt d'Apollon

La croix est le signe des envieux et des orgueilleux. Le sujet est vaniteux et a tendance à partir facilement en croisade contre ses concurrents. De nombreuses déceptions sont à prévoir (voir e) 1).

L'étoile indique que le talent sera reconnu d'une façon soudaine et souvent inattendue (voir e) 2). L'artiste aura parfois travaillé dans l'obscurité toute sa vie et voilà que

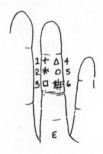

le succès, la gloire et les feux de la rampe sont braqués sur lui, et le projettent en pleine lumière et c'est la consécration.

Le carré est un signe annonciateur d'un talent inné, mais limité dans un seul secteur artistique. Le sujet obtient un succès certain dans sa spécialisation (voir e) 3).

Le triangle possède une valeur exceptionnelle. L'artiste cherchera à pénétrer les mystères de l'art et le message spirituel de celui-ci. Il traitera son travail d'une façon scientifique et sera intéressé à rechercher l'essence divine cachée sous la technique artistique (voir e) 4).

Le cercle annonce un succès, un très grand succès. Il assure d'importantes récompenses matérielles et morales ainsi qu'une profonde satisfaction (voir e) 5).

La grille demeure négative. Elle révèle l'impuissance dans la réussite. Le sujet est enclin à l'envie, mais ne peut la surmonter; il devient alors très amer. Ses collègues l'évitent le plus possible (voir e) 6).

La troisième phalange du doigt d'Apollon

La troisième phalange du doigt du Soleil représente ce que les artistes ont parfois de moins bon : leurs faiblesses, leur penchant pour la jalousie, leur besoin d'obtenir les applaudissements de la foule, leur soif insatiable d'éloges.

Longue, cette troisième phalange est un signe évident d'un grand besoin d'attention. L'artiste aime être vu, coûte que coûte. L'important est de faire parler de lui, que ce soit en bien ou en mal.

Courte, elle indique des maladresses artistiques. Les chances de succès sont minces. L'artiste pourra réussir, mais ce ne sera qu'après de nombreux déboires et incertitudes.

Charnue, la troisième phalange du doigt d'Apollon signale que le sujet possède l'amour du bon et du beau ainsi qu'un très grand désir de bien-être.

Sèche, elle annonce l'insouciance des richesses et une certaine indépendance.

Les artistes possédant un bel annulaire arriveront facilement à la notoriété, grâce à leurs dons naturels.

Les lignes sur la troisième phalange du doigt d'Apollon

Une ligne verticale unique est le signe du bonheur. Elle annonce la sagesse et un sens pratique qui rendront harmonieux tous les actes de la vie (voir f) 1).

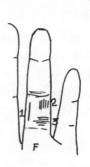

Si les lignes verticales sont nombreuses, elles indiquent une existence matérielle heureuse : le sujet ne connaît pas de soucis d'argent. Il se sert de celui-ci non pas comme une fin en soi, mais comme un moyen pour profiter de la vie. Il est généreux pour sa famille et ses amis (voir f) 2).

Si l'on trouve une ou plusieurs lignes transversales sur la troisième phalange du doigt d'Apollon, le résultat est opposé. Le sujet est incapable de connaître le bonheur ou le succès et mène une vie triste et misérable (voir f) 3).

Les signes sur la troisième phalange du doigt d'Apollon

Une croix n'est pas un bon signe. Le sujet aura tendance à entreprendre des projets qui nuiront à son travail et à son ambition (voir g) 1).

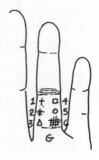

Une étoile indique la vanité, l'amour des flatteries et une attitude négative face à la vie. Ce comportement amène un déséquilibre qui engendre des peines et des frustrations (voir g) 2).

Un triangle sur cette phalange signale le sens de la publicité. Le sujet possède le talent et l'habileté nécessaires pour projeter une image personnelle agréable.

Il est capable d'impressionner favorablement les autres : il se vend facilement. Il a aussi le tact et la discrétion qu'il faut pour ne pas exagérer (voir g) 3).

Le carré recèle les mêmes qualités que le triangle. Il indique de plus le flair que le sujet possède et qui lui permet d'éviter les conséquences de sa vanité et de son désir de flatterie (voir g) 4).

Le cercle est un signe rarissime. Il est porteur d'abondance, de succès et de renommée (voir g) 5).

La grille transporte les mêmes défauts que les lignes transversales. Elle dénote un tempérament mesquin et envieux. Le sujet est enclin à manifester sa jalousie. Il cherche inconsciemment à créer des situations conflictuelles qui lui vaudront des humiliations. Sa vie sera très peu intéressante (voir g) 6).

24

Le doigt de Mercure

Comme nous venons de le voir, le doigt d'Apollon nous informe sur la sociabilité de l'être et sur la manière dont il se livre émotionnellement. Le doigt de Mercure est encore plus indiscret : il nous parle de nos relations intimes avec les autres.

Ce doigt nous renseigne sur deux plans : nos rapports avec le sexe opposé, c'est-à-dire notre comportement sexuel, et nos relations avec nos parents proches, spécialement le père et la mère.

Le doigt de Mercure nous parle aussi de l'honnêteté de la personne. Un auriculaire tordu est toujours la marque d'un individu ayant tendance à être malhonnête en paroles. Si la déformation est accentuée, elle indique un menteur invétéré et rusé (voir a).

A

Les relations sexuelles, il va sans dire, sont au centre de la vie de tout individu. Complètement intégrée et assumée, cette énergie d'une qualité exceptionnelle est une immense force de création.

Au contraire, une exagération ou une répression de cette fonction vitale de l'individu peut devenir source de désintégration et est responsable de la plupart des désordres et des difficultés que connaît le monde moderne.

On peut se demander pourquoi la tradition associe le doigt de Mercure à la fois à l'honnêteté et à la sexualité. L'expérience de la vie nous apprend que, de tous les sujets, c'est celui à propos duquel les gens mentent le plus : on aime vanter ses prouesses sexuelles, lesquelles sont le plus souvent imaginaires.

En plus de la sexualité et des rapports parentaux, le doigt de Mercure signale aussi les capacités vocales sous toutes leurs formes : l'aptitude vocale dans le domaine de la musique est attribuée à Mercure, tout comme le talent oratoire. Il est évident qu'il existe un lien entre les cordes vocales et les glandes sexuelles : les eunuques en savent quelque chose.

Si le pouce donne à l'ensemble de la main une impression de force et le majeur, une impression de majesté, c'est le petit doigt qui en apporte le charme.

Le petit doigt est le doigt de la sociabilité : il dévoile le comportement de l'individu vis-à-vis d'autrui. Il est aussi le doigt de l'intuition. Tout le monde connaît l'expression : «C'est mon petit doigt qui me l'a dit.»

La taille du doigt de Mercure

Long, souple et bien fait, l'auriculaire indique le savoir-faire qui apportera de nombreuses réussites, spécialement en affaires. L'auriculaire est long lorsqu'il dépasse d'un centimètre la première jointure de l'annulaire.

Court, il signifie que le sujet manquera d'intuition et de sens pratique. L'absence de ces deux qualités l'empêchera de réussir dans les affaires.

Épais, et si d'autres signes le confirment, il annonce l'amour exagéré de l'argent et du profit. Cet individu aura tendance à manquer de loyauté, même envers ses partenaires. Il aura une forte propension au mensonge... et même au vol.

Mince, l'auriculaire fait craindre une faiblesse physique ainsi qu'une ruse naturelle et prononcée pouvant mettre en doute l'honnêteté du sujet.

Isolé des autres doigts, il signale un esprit très indépendant qui aime faire cavalier seul. Cette personne ne sera pas heureuse dans une association d'affaires. Elle aura de la difficulté à se plier à un consensus, à se rallier à une décision majoritaire (voir b) 1).

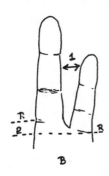

Au point de vue social, cette personne aime être seule, la solitude lui étant nécessaire parfois pour se ressourcer ou pour recharger ses batteries.

Si, au contraire, le doigt de Mercure se rapproche de l'auriculaire, il annonce moins d'audace, moins d'indépendance.

Ce qui est sûr c'est qu'un petit doigt écarté, comme divorcé des autres, manifeste un désir d'indépendance vis-à-vis du conjoint. On peut déjà voir, dans les peintures des maîtres anciens, des madones avec le petit doigt très écarté du reste de la main. C'est à la fin du XIXe siècle qu'on a commencé à voir des femmes qui mettaient leur petit doigt en évidence en tenant leur tasse : cela coïncidait avec le début de la période de l'émancipation de la femme qui revendiquait aussi l'égalité des droits sur le plan sexuel. Boire son thé le petit doigt levé était alors un geste symbolique et de bon ton qui exprimait avec clarté cette prétention.

Lorsque la racine du petit doigt est plus basse que celles des autres doigts, on peut y voir la marque d'une fixation à l'un des parents, laquelle apporte des difficultés avec le sexe opposé (voir b) 2).

D'après mon expérience, la personne aura conservé une image idéalisée de son père ou de sa mère. Elle essaiera inconsciemment de retrouver ou de reproduire cette image chez son conjoint ou sa conjointe. Cette personne est une idéaliste toujours insatisfaite qui déprécie ce qu'elle a et qui rêve d'un idéal qui n'existe pas. Ses relations sexuelles manquent habituellement de spontanéité et ne sont que la réalisation d'un devoir plutôt qu'un don total de soi.

Si le petit doigt est projeté vers l'avant et n'est pas aligné avec les autres doigts lorsqu'on ouvre la main, il indique des difficultés dans les relations de couple. Le sujet attache alors une trop grande importance aux questions sexuelles.

La première phalange du doigt de Mercure

La première phalange de l'auriculaire nous renseigne sur l'idéalisme, la science et l'amour de l'éloquence et de l'étude.

La première phalange indique que le sujet possède l'éloquence qui vient de l'âme, siège de l'intuition qui est garante de tact en société et de flair en affaires.

La forme de la première phalange du doigt de Mercure

Longue, cette première phalange signale un individu qui possède une très grande intuition et un goût très prononcé pour les études.

Courte, elle révèle un être qui a une intelligence paresseuse, qui est peu enclin à l'étude et qui manque de tact.

Le sujet peut aussi ne pas aimer parler en public; son élocution devient alors laborieuse.

Charnue, la première phalange de l'auriculaire annonce celui qui veut vaincre par tous les moyens, même s'il lui faut recourir à toutes les manoeuvres, toutes les bassesses.

Lorsqu'on étudie attentivement l'aspect de cette phalange, on remarque qu'elle se présente sous quatre formes principales.

La forme spatulée apporte le positivisme, l'art de la réalisation et le matérialisme. Elle marque la science du mouvement, l'art mécanique (voir d) 1).

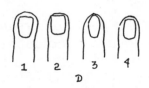

Les avocats de la Cour d'assises, les orateurs turbulents et les médecins possèdent cette phalange onglée, spatulée.

Mais si le doigt est mal fait, tordu ou cassé, il signale un être dangereux, voleur et méchant.

La forme carrée se rencontre chez les médecins et les professeurs, et chez ceux dont les vues sont pratiques et claires (voir d) 2). Ce sont des personnes qui ne parlent pas pour rien et qui ont l'habitude d'aller droit au but. Si d'autres signes le confirment, la réussite matérielle est assurée.

La forme conique est la plus répandue. Il en est ainsi pour la forme ronde. Les formes rondes et coniques diminuent le sens pratique et augmentent les qualités passives (voir d) 3). La forme conique annonce la ruse ainsi qu'une élocution naturelle et facile chez le sujet.

La forme pointue indique que la personne possède un don de voyance dans une des sciences parapsychologiques, car son intuition est très forte et hermétique (voir d) 4).

Si la phalange onglée du petit doigt penche vers le doigt d'Apollon (mais attention, pas tout le doigt, seulement la phalange), elle permet à son propriétaire, en lui donnant l'habileté artistique, d'utiliser l'art en affaires.

Si, au contraire, la première phalange s'écarte des autres doigts, elle indique l'inhabileté en affaires.

Les lignes sur la première phalange du doigt de Mercure

Une seule ligne verticale dénote la puissance de l'éloquence et la capacité de parler efficacement (voir e) 1).

Elle indique aussi un penchant marqué pour l'occultisme ainsi qu'une grande intuition.

Si les lignes verticales sont nombreuses, serrées et fines, elles peuvent indiquer des procès, des discussions et des tourments en affaires (voir e) 2).

Les lignes horizontales faussent les qualités de cette phalange : elles entraînent le bavardage, le mensonge et signalent aussi un fort penchant pour le vol (voir e) 3).

Les signes sur la première phalange du doigt de Mercure

La croix, si elle est nettement marquée, révèle une éloquence exceptionnelle. Elle peut signifier aussi le risque de perte d'argent si d'autres signes le confirment (voir f) 1).

L'étoile, encore plus que la croix, annonce un orateur talentueux capable d'influencer profondément son auditoire (voir f) 2).

Ce qui est certain, c'est que le sujet réussira dans tous les domaines où l'éloquence est essentielle.

Le triangle signale que le sujet possède une aptitude innée pour les sciences occultes, car il est doué de grandes facultés psychiques (voir f) 3).

Le carré indique que le sujet saura utiliser son talent expressif d'une manière propice au commerce. Il connaîtra souvent un très grand succès. En affaires, il sera génial (voir f) 4).

Le cercle, et là-dessus tous les chirologues sont unanimes, prédit un succès certain dans les sciences occultes (voir f) 5).

La grille, comme toujours, est néfaste et négative. Elle indique la capacité de tromper facilement. Elle signale entre autres un penchant pour le vol, la sorcellerie ou la magie noire (voir f) 6).

La deuxième phalange du doigt de Mercure

La deuxième phalange du petit doigt dénote des aptitudes en ce qui touche les inventions, les sciences et la technologie. Elle indique aussi des possibilités plus ou moins grandes de réussite matérielle.

Longue, cette phalange est associée à une intelligence pratique qui permet au sujet de réussir en affaires, dans le commerce et dans l'industrie.

Courte, elle signale le contraire. Le sujet est incapable d'assumer une responsabilité pécuniaire. Il possède quand même le goût du gain, pour le plaisir que procure l'argent.

Les lignes sur la deuxième phalange du doigt de Mercure

Une seule ligne verticale et nette indique un talent inné pour la science et la recherche. Le sujet est sérieux de nature. Il sera capable de faire reculer les frontières de

l'ignorance dans le domaine de son choix. Cette seule ligne
marque la réussite scientifique (voir g) 1).

Des lignes verticales nombreuses signalent
la dispersion. La personne aura tendance à
entreprendre trop de choses en même temps;
elle se désintéressera graduellement des projets qui sont en marche et les abandonnera
à moitié terminés (voir g) 2).

Les lignes horizontales, surtout si elles sont
nombreuses, ne sont pas heureuses : elles
indiquent une carrière jonchée d'obstacles, de tracas et
d'échecs découlant toujours d'un manque d'habileté
(voir g) 3).

Les signes sur la deuxième phalange du doigt de Mercure

La croix nous informe que le sujet aura une forte propension à pratiquer des activités louches. Il risque des
mésaventures qui pourraient le conduire en prison
(voir h) 1).

L'étoile annonce la notoriété, la reconnaissance publique, mais d'une façon négative,
peu enviable. Le sujet est un homme habile
dont les activités ambiguës génèrent des
scandales : il tombe dans son propre piège
(voir h) 2).

Le triangle est le symbole du mysticisme
et annonce un don inné pour les sciences
parapsychologiques et l'occultisme (voir h) 3).

Le carré signifie que le sujet fera un mauvais usage
de son intelligence ou de son habileté scientifique. Son
savoir-faire le retient prisonnier : il ne sait plus comment
s'en sortir. Il complique son propre chemin vers le succès
et le bonheur. La prison est à craindre (voir h) 4).

Le cercle est annonciateur de succès quoiqu'il puisse être tardif. Cette personne a devant elle de nombreuses perspectives de réussite dans les sciences ou dans l'industrie. Le succès est exceptionnel et certain (voir h) 5).

La grille indique encore ici l'impuissance du sujet : une impuissance intellectuelle, cette fois, de s'en sortir. De nombreuses erreurs et sottises dans la conduite de ses affaires l'empêchent de réussir matériellement. Il ne se rend pas compte de ses bévues et va inexorablement à la faillite (voir h) 6).

La troisième phalange du doigt de Mercure

La troisième phalange du petit doigt est très intéressante. En plus d'indiquer un talent pour les affaires, elle signale un amour très grand pour la famille.

Si elle est harmonieuse et longue, et fait partie d'une belle main, cette troisième phalange annonce un excellent mari ou une femme aimante. Elle promet des joies durables dans un foyer uni, sous le signe de la paix et de la joie pour tous.

Si, par contre, cette phalange est trop courte par rapport aux deux autres phalanges du petit doigt **et qu'elle est épaisse** et sensuelle, elle indique de lamentables tendances sexuelles. Tout peut être détruit à cause des goûts particuliers du sujet pour le sexe.

Il est important de comparer la longueur de la troisième phalange à celle de la deuxième. Il est plus facile de le faire à partir de l'extérieur de la main, sur la percussion (voir i).

Si la troisième phalange paraît deux fois plus longue que la deuxième, ou à peu près, le sujet jouit d'une remarquable souplesse d'esprit.

Il ne cherche pas à tirer profit, au détriment d'autrui, des occasions qui se présentent. Il est trop bien équilibré pour tromper ses partenaires. Au contraire, il les aide pour le plus grand bien de tous. On recherche ses conseils judicieux. Sa sagesse et son expérience sont reconnues.

Longue, mais sans être deux fois plus longue, la troisième phalange du doigt de Mercure marque l'intensité des défauts et des qualités de ce doigt. Elle accentue entre autres les qualités telles que l'adresse et l'éloquence, et le don des sciences.

Courte, elle transforme ces qualités en défauts. L'adresse devient de la ruse et de l'escroquerie, l'éloquence va jusqu'au mensonge et la science conduit au charlatanisme.

Charnue, elle annonce le plaisir solitaire, l'onanisme. Chez les vieillards, elle indique le sadisme.

Les lignes sur la troisième phalange du doigt de Mercure

Les lignes ou les signes particuliers sont assez fréquents sur cette phalange. Ils viennent intensifier en bien ou en mal, mais souvent en mal, les qualités générales de ce doigt.

Une seule ligne droite, verticale, bien marquée et plutôt fine est signe d'éloquence et de réussite, et est favorable au commerce (voir j) 1).

Trop grosse et trop profonde, elle aura la même signification que les **lignes verticales nombreuses** ou les **lignes horizontales.** Ces lignes révèlent un menteur-né, un filou endurci qui est constamment à l'affût de moyens pour accaparer le bien des autres. Il possède une rare habileté à convaincre autrui pour mieux le tromper. C'est un voleur incorrigible (voir j) 2).

Les signes sur la troisième phalange du doigt de Mercure

La croix, quand elle est nettement gravée, transporte une signification négative. Elle prive le sujet de sa capacité de discerner le bien du mal. Il sera porté à mener une vie criminelle et connaîtra une fin misérable, conséquence de ses activités immorales. C'est celui qui est associé ou fait partie d'un groupe qui se spécialise à tromper ou voler les autres (voir k) 1).

L'étoile est positive. Elle annonce une éloquence prodigieuse, capable d'influencer l'entourage. Le sujet est un orateur persuasif qui soulève les foules. Sa créativité intellectuelle et son don de la parole lui apporteront le succès (voir k) 2).

Le triangle est aussi bénéfique. Il indique la réussite dans le commerce et le succès matériel. Il est également la marque du vrai diplomate, doté d'une grande intelligence et capable de négocier. Il possède le tact, la persuasion et le talent pour résoudre les problèmes les plus compliqués. Il sait manoeuvrer pour faire triompher ses idées, mais toujours dans un esprit de justice et d'équité (voir k) 3).

Le carré porte à confusion. Le personnage est énigmatique, trompeur. On ne connaît pas exactement ses desseins : ses actes et son comportement sont impénétrables. Il est à la fois mystérieux et secret : on ne sait pas si ses intentions sont bonnes ou mauvaises. Le carré indique la ruse, le savoir-faire, la concentration, et quelquefois le mensonge.

D'autres renseignements dans la main nous permettent de préciser la signification réelle du carré (voir k) 4).

Le cercle indique une tendance à se mêler à des entreprises hasardeuses, plus ou moins criminelles, comportant même le vol. Le sujet n'agira pas nécessairement lui-même, mais par personnes interposées, par l'intermédiaire d'hommes de main (voir k) 5).

La grille est la pire indication. Elle dévoile un voleur incorrigible et stupide, en plus d'un menteur impénitent. Il poursuit ses activités sans intelligence et se fait toujours prendre à cause d'erreurs grossières. C'est un criminel sans classe, sans panache (voir k) 6).

25

Les ongles

Le langage des ongles est pour moi un langage passionnant. Comme nous allons le voir, les ongles nous apportent un supplément d'informations qui est loin d'être négligeable.

Contrairement aux autres signes de la main qui peuvent appartenir au domaine de l'avenir, les ongles sont uniquement du domaine du présent ou du passé. Il est donc impossible d'avancer des prédictions pour l'avenir, car tout ce qui concerne le futur est inscrit dans la partie de l'ongle qui pousse, donc, qui ne se voit pas.

Dans la Chine antique, les gens lettrés considéraient comme très honorifique le fait d'être capables de se laisser allonger les ongles indéfiniment, ce qui donnait à leur main un aspect assez étrange et parfois mystérieux. Cette possibilité était le signe exclusif d'une classe sociale élevée dominante, possédant la puissance et la richesse. Cela se comprend très bien, car aucun travailleur manuel n'était capable de conserver ses ongles longs, ou... très longs.

Une première constatation révèle que l'ongle est plus épais chez l'homme que chez la femme. La différence est d'environ 0,14 mm.

Une deuxième constatation, surprenante celle-là, révèle que les ongles ne poussent pas tous au même rythme. Des contrôles précis nous apprennent que le temps qu'un ongle met à repousser dans toute sa longueur, c'est-à-dire depuis sa racine jusqu'au moment où il se détache de la matrice et s'avance en prolongation libre des doigts, n'est pas le même pour tous les doigts.

Chaque doigt a son temps de pousse:
— le pouce prend 140 jours;
— l'index, le majeur et l'annulaire prennent 124 jours;
— l'auriculaire prend 121 jours.

Cette donnée est essentielle pour juger des faits passés qui ont eu lieu quatre ou cinq mois auparavant.

Pour être plus précis, disons que **le premier tiers** de l'ongle, en partant de la base, indique un fait passé, vieux de six ou sept semaines (voir a) 1).

Le deuxième tiers se reporte à un fait passé, vieux de 12 à 14 semaines (voir a) 2).

Le troisième tiers se réfère à un fait arrivé entre 18 et 21 semaines auparavant.

Une troisième constatation, aussi surprenante que la deuxième, révèle que la croissance d'un ongle peut être arrêtée ou ralentie par une maladie quelconque.

Ce que l'on constate de «visu», en examinant bien les ongles, c'est qu'il y a arrêt de la croissance de l'ongle au début d'une maladie. Il y a ensuite la formation d'un bourrelet transversal qui traverse l'ongle pendant la période d'absence de sève vitale, et reprise de la croissance au moment où le malade va mieux, et que la maladie disparaît. Le bourrelet transversal indique donc la fin d'une maladie. On peut ainsi, en examinant la distance entre la base de l'ongle concerné et le bourrelet, déterminer la période qui a marqué la fin de la maladie.

L'ongle du pouce ne grandit plus si l'appareil urinaire est atteint. On remarque alors des bourrelets très visibles. Exceptionnellement, ces bourrelets peuvent être, sur le pouce, dans le sens de la longueur de l'ongle. J'ai pu en observer quelques-uns au cours de consultations.

L'ongle de l'index est arrêté dans sa croissance par une crise du foie.

L'ongle du médius n'allonge plus si le sujet souffre d'une fièvre intestinale, de la typhoïde, du choléra, ou par suite du développement d'une tumeur cancéreuse, ou encore, d'un chancre.

L'ongle de l'annulaire subit un arrêt de croissance quand il y a crise cardiaque, pneumonie, tuberculose pulmonaire, ou troubles aigus de l'appareil respiratoire.

L'ongle de l'auriculaire est atteint lorsqu'il y a attaque de paralysie intestinale, par exemple.

Lorsqu'on examine les ongles, on doit en regarder la *forme*, la *force*, la *texture* et la *couleur*.

Au premier coup d'oeil, les ongles nous paraissent longs ou courts. La longueur de l'ongle est la longueur de la partie qui tient à la peau. Le fait de se ronger les ongles n'a rien à voir avec leur longueur : ceux-ci ne sont pas plus courts pour autant.

Les ongles longs sont les plus esthétiques et appartiennent en général aux doigts longs : ils viennent, pour ainsi dire, ajouter à la beauté esthétique de la main. Ils sont idéalistes, imaginatifs, inventifs, enthousiastes.

Les ongles courts appartiennent aux doigts courts. Ils sont souvent plus larges que longs. Ils annoncent les gens nerveux, batailleurs, et tous ceux qui sont doués d'un sens pratique.

L'association d'un individu aux ongles longs avec un individu aux ongles courts fera merveille : l'ongle court vérifiera tout, découvrira la partie réalisable dans le plan suggéré par l'ongle long. Il freinera les ardeurs irréalistes de l'ongle long.

Que nous dit la forme des ongles?

Les ongles carrés signalent les personnes douées d'esprit pratique, débrouillardes et remplies d'ambition (voir b) 1).

Les ongles en forme de trapèze signalent l'orgueil, l'amour-propre (voir b) 2).

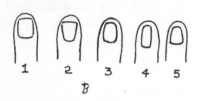

Les ongles en forme d'amande appartiennent aux personnes foncièrement bonnes, douces, agréables et dévouées (voir b) 3).

Les ongles très longs et très étroits indiquent un sujet doué pour la voyance, le mysticisme (voir b) 4).

Les ongles qui présentent une base plus large que leur extrémité annoncent, quand ils sont longs, une intelligence débordante et un raconteur-né (voir b) 5).

Les ongles en forme de rectangle possèdent les mêmes qualités que les ongles carrés : ils dénotent un sens pratique, un esprit positif, un bon jugement et une ambition légitime.

Les ongles d'une même main n'ont pas tous la même forme. Cette forme varie souvent selon le doigt : la forme carrée ou rectangulaire de l'ongle apparaît le plus souvent au pouce; le trapèze apparaît au médius; la forme ronde, à l'index; la forme en noyau de datte se remarque le plus souvent à l'auriculaire. L'ongle de chaque doigt doit être étudié s'il diffère de la forme des autres ongles de la main; autrement, on se prive de renseignements précieux qui, souvent, viennent confirmer le résultat de notre analyse.

Que nous apprend la force des ongles?

Les ongles durs, solides et bombés, surtout avec une lunule apparente, indiquent une bonne résistance physique. Au point de vue caractère, le sujet est ambitieux, arriviste, égoïste.

Les ongles mous révèlent une personne qui n'a pas une grosse résistance physique. Au moral, elle manque de persévérance et abandonne au moindre contretemps.

Ceux qui se rongent les ongles ont habituellement les ongles mous. Derrière cette habitude se cache une santé précaire, une faiblesse du côté des reins et de la vessie. Lorsqu'ils contrôlent mieux leur vessie, certains enfants cessent de se ronger les ongles et arrêtent de faire «pipi» au lit.

Les personnes, enfants ou adultes, qui se rongent les ongles, nous envoient un message très clair: elles sont hypersensibles et souffrent d'une grande insécurité affective.

Que nous apprend la texture des ongles?

La texture des ongles doit être lisse. Des sillons transversaux, comme nous l'avons vu en parlant de l'arrêt de croissance de l'ongle, sont l'indice d'indispositions passées.

Que nous révèle la couleur des ongles?

La couleur des ongles a aussi une signification. Un ongle en bonne santé est rose et uni, et possède un certain brillant naturel. Un ongle très pâle indique un manque de vitalité, de résistance physique, et peut-être une déficience en calcium tout particulièrement si l'ongle est mou. Les ongles bleuâtres, tirant sur le mauve, sont l'avertissement d'une mauvaise circulation du sang et, pour une femme, d'un fonctionnement irrégulier des organes sexuels. Si l'ongle bleuâtre est cerné d'un bord rouge sombre, il signale une intoxication du système en général, faute, probablement, d'une bonne élimination.

Les taches sur les ongles

Si des points blancs apparaissent sur les ongles, ils indiquent une fatigue physique causée par le stress. La personne est très nerveuse. Un surmenage intellectuel ou des ennuis sont la cause de ces points. S'ils apparaissent fréquemment, ils permettent d'affirmer que le sujet est enclin à se tourmenter pour tout, qu'il est pessimiste et souffre d'une insécurité quelconque.

Si les points, au lieu d'être blancs, sont noirs, bruns ou bleus, ils signalent que l'état du sang est anormal. Un retour à la santé est visible lorsque les points ou les taches changent de couleur et deviennent rosâtres ou jaunâtres.

Avez-vous des lunules?

Les lunules sont les croissants blancs qui se trouvent à la racine des ongles. Elles ont un rapport direct avec la circulation du sang.

Si les lunules ne sont pas visibles, la santé n'est pas forte. La résistance aux maladies est faible et les doigts où elles sont absentes donnent des indications précieuses pour nous guider dans la recherche des points faibles de l'organisme.

Lorsque les lunules ne sont pas visibles, spécialement aux pouces, la santé est compromise et, au fur et à mesure que la santé revient, les lunules sont de plus en plus apparentes et de plus en plus grandes.

En résumé, on peut dire que les personnes qui ont des ongles courts sont pratiques et positives. Elles savent discerner ce qui est du domaine du possible et faire ainsi le tri dans les idées et les rêves des personnes aux ongles longs. Dans un ménage, pour que la paix ait plus de chance de régner, il faut que l'homme ait les ongles plus courts que ceux de la femme.

26

Les bagues

Le doigt qui porte une bague attire toujours l'attention. En ce qui me concerne, un anneau quelconque me fascine beaucoup, car un doigt agrémenté d'une bague semble isolé parmi les autres doigts.

En chiromancie, on signale que la bague est la marque extérieure d'un déséquilibre qui peut être précisé d'après le doigt qui la porte.

Sans aller jusque-là, mon expérience m'a appris qu'une bague annonce chez l'individu une préoccupation constante et un très grand désir de réaliser ce que représente le doigt qui la porte.

Une bague au doigt de Jupiter

On sait que l'index est le doigt du commandement, de l'autorité. Une bague au doigt de Jupiter indique donc un très grand désir de dominer le monde et d'atteindre une haute position (voir a) 1).

De nombreux portraits d'hommes influents de la Renaissance témoignent d'une mode qui consistait à porter une bague à l'index.

Plus près de nous, mais il faut dire que depuis le concile Vatican II cela a changé, le pape avait l'habitude de porter une bague à l'index, signe de l'autorité divine.

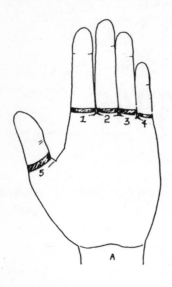

Le rituel était toujours le même, lorsque nous avions la chance de le rencontrer : nous nous agenouillions et baisions la bague qu'il portait à l'index, en signe de respect pour son autorité.

Pour une personne d'un rang social élevé et qui possède une certaine autorité, il est normal de porter une bague à l'index. Mais si un individu ordinaire, comme vous et moi, aime porter une bague dans ce doigt et se sent mieux, cela n'est pas anormal, mais indique que le sujet est habité par une grande ambition : il adore commander et son rêve est de s'élever au-dessus des autres et d'atteindre une haute position sociale.

Une bague au doigt de Saturne

On sait que le majeur est le doigt qui, placé au centre de la main, fait le pont entre le conscient et l'inconscient. Il est le médiateur qui équilibre le tout.

Si le doigt de Saturne est bagué, il indique que le sujet possède une vue d'ensemble de tout ce qui se passe autour de lui et en lui. Mais cette vision globale de la réalité, qui devrait lui apporter une sérénité et une sagesse exceptionnelles, accentue au contraire l'esprit de fatalité qui l'habite et l'empêche de lutter pour vaincre les difficultés qui se présentent (voir a) 2). Si le doigt de Saturne est très long en plus, il annonce l'impuissance et l'inaction devant la vie.

Une bague au doigt d'Apollon

Comme nous l'avons vu au chapitre 22, le doigt d'Apollon renseigne sur l'aspect subconscient de la personne en relation avec le monde extérieur.

Le doigt d'Apollon est associé aux émotions et, dans notre société, un anneau porté à la main gauche ne peut s'interpréter que d'une façon : il est le signe extérieur du mariage, de l'amour et de l'engagement amoureux (voir a) 3).

Dans certains pays, l'alliance se porte à l'annulaire de la main droite.

Nous savons tous que le mariage, en soi, exige un changement radical des attitudes liées à la vie émotionnelle, et la coutume de porter un anneau au doigt d'Apollon est le symbole de ce changement.

J'ai constaté que certaines femmes ne portaient pas seulement un anneau mais deux, et quelquefois trois anneaux à l'annulaire. Le message semble extrêmement clair pour moi : l'amour, la relation de couple prend une importance exagérée.

La dépendance de cette personne envers son conjoint est trop forte : elle l'isole, elle lui fait perdre ses amies, et si une rupture est indiquée ailleurs dans la main, cette dernière laissera la femme aux portes du désespoir et de la dépression. Nous sommes en face d'une femme qui aime trop.

Je voudrais aussi souligner le message d'amour éternel que nous livre la femme qui porte l'alliance de son conjoint décédé. Au-delà de la mort, l'amour fleurira toujours dans le coeur de celle-ci.

Une bague au doigt de Mercure

Nous avons vu que le doigt de Mercure nous renseigne sur les relations intimes du sujet et sur les difficultés qu'il peut y rencontrer.

Si le doigt de Mercure est déjà éloigné, isolé des autres doigts, il indique au départ des difficultés dans les relations sociales, comme nous l'avons vu lors de l'étude de l'auriculaire. Si, en plus, Mercure porte une bague, cet isolement est accentué davantage. Le port de la bague indique que la principale difficulté dans la vie du sujet en est une qui concerne ses relations sociales.

Si la bague est portée à l'auriculaire de la main gauche, il faut soupçonner une difficulté avec les parents : cette personne a manqué d'affection et a conservé une fixation avec le père ou la mère (voir a) 4).

Cette fixation, ce manque, engendre un sentiment d'insécurité constant qui, sans être apparent parfois, porte le sujet à vouloir accumuler de l'argent. Remarquez les hommes d'affaires et ceux qui ne vivent que pour accumuler des biens matériels : ils portent, pour la plupart, une bague à l'auriculaire.

L'auriculaire bagué indique aussi parfois que cette fixation à l'un des parents provoque une anomalie sexuelle.

Une bague au pouce

On voit quelquefois des pouces qui portent une bague (voir a) 5). Cela indique une originalité très grande, surtout au niveau du raisonnement. Ces personnes surprennent leurs parents et leur entourage par leurs associations d'idées ou leurs comportements sociaux parfois originaux.

Des bagues à tous les doigts

Que dire des doigts qui sont tous bagués? Nous sommes alors en face d'une personne qui, en plus d'être très originale, veut à tout prix se démarquer, exprimer son opposition face à la vie, à la famille et aux valeurs sociales. C'est l'expression d'un refus global de tout ce qui l'entoure. Ces gens sont en majorité très jeunes et font partie de clubs, de gangs. Leur façon particulière de s'habiller et se de peigner indique d'ailleurs leur désir de marginalité.

27

Les maladies appréhendées

L'étude des lignes de la main ne révèle pas des maladies, et encore moins des maladies déclarées. Elle ne fait que signaler des prédispositions, des tendances appréhendées.

Il ne faudrait surtout pas se baser sur ce qui suit pour guider sa vie ou entreprendre une cure quelconque. Mon seul but, dans ce chapitre, est de répondre à des questions qui me sont souvent posées, en indiquant les faiblesses potentielles et appréhendées de l'organisme. Ces faiblesses peuvent être atténuées ou corrigées, simplement par une plus grande prudence de la part de l'individu. Par conséquent, ces prédispositions ne sont, en aucune manière, l'indication de maladies déclarées.

L'étude des monts nous a révélé que chaque personne a dans sa main un mont dominant qui est plus développé que les autres monts. Ce mont dominant attire à lui toutes les énergies de l'être et canalise les ambitions et les préoccupations de la vie de l'individu : tous les autres monts semblent être à son service.

C'est donc dire que des malaises et des faiblesses physiques peuvent être développés à la suite d'une trop grande activité signalée par le mont concerné.

Que nous disent le mont et le doigt de Jupiter

Si le mont de Jupiter nous apparaît plus haut que les autres monts et qu'il déborde du côté de Saturne en le faisant disparaître complètement, on peut dire que des prédispositions à des troubles liés au fonctionnement de l'appareil digestif sont à craindre : l'estomac, le foie, la vésicule et la rate sont à surveiller (voir a) 1).

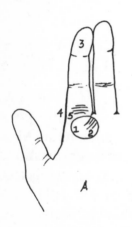

La tradition établit aussi un rapport entre l'index et les maladies jupitériennes : les rhumatismes, la goutte, la sciatique.

Si des lignes horizontales, légèrement incurvées, partent du mont de Jupiter et se dirigent vers Saturne, elles sont l'indication d'une possibilité de troubles circulatoires aux jambes. Cette circulation défectueuse est la résultante d'un travail ou d'une vie sédentaire prolongés : une longue marche quotidienne suffit pour corriger la situation (voir a) 2). Ces malaises sont plus probables si on remarque une ligne de Coeur en fourche.

Le doigt de Jupiter ayant une première phalange qui s'incline vers le doigt de Saturne signale une digestion laborieuse et difficile (voir a) 3).

Une prédisposition à des troubles des organes de l'appareil digestif peut se traduire par un épaississement marqué de la troisième phalange de l'index. La cause de ces troubles digestifs peut être attribuée à une prédilection pour l'alcool ou un régime alimentaire mal équilibré : deux tendances jupitériennes (voir a) 4).

Des lignes horizontales épaisses sur cette troisième phalange lancent elles aussi le même message : la digestion est laborieuse (voir a) 5).

Une déformation de l'ongle de l'index signale la congestion des bronches.

Que nous disent le mont et le doigt de Saturne?

Si le mont de Saturne est proéminent et domine la main, il faut appréhender, selon les tendances physiologiques, des désordres intestinaux. Car le type saturnien est tributaire d'un excès de bile (voir b) 1).

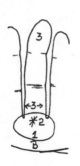

Sur le mont de Saturne, une croix ou une étoile peut signaler le danger d'une mort douloureuse et violente, ou accidentelle. Si un de ces signes est accompagné par une ligne de Tête qui se termine en fourche, il signale une prédisposition au cancer (voir b) 2).

Le doigt de Saturne, dont la première phalange s'incline vers le doigt d'Apollon et qui possède en même temps une troisième phalange nettement plus épaisse que les deux autres, traduit une paresse biliaire de l'individu (voir b) 3).

Je sens le besoin de répéter ici un principe chirologique qu'il ne faut jamais oublier : *un signe dans une main ne veut absolument rien dire s'il n'est pas confirmé par d'autres signes dans la même main et s'il n'est pas répété et reproduit dans l'autre main.*

Que nous disent le mont et le doigt d'Apollon?

Le mont d'Apollon, physiologiquement, est en étroite liaison avec le coeur. Si ce mont est plus développé que les autres monts et qu'il domine dans la main, il signale la possibilité de fatigue cardiaque (voir c) 1).

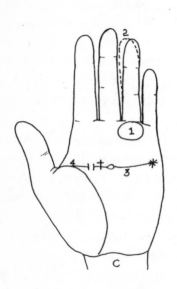

Le doigt d'Apollon, s'il est mal fait, tordu, et si, de plus, l'ongle est rayé, annonce une mauvaise circulation, surtout si la lunule est absente. Des troubles circulatoires pourraient se préparer (voir c) 2).

Il y a des signes qui peuvent aussi susciter des interrogations. Une ligne de Coeur coupée ou composée d'îlots signale une inquiétude cardiaque. Une croix ou une étoile sur cette même ligne transmet le même message (voir c) 3).

Quand les deux lignes, Coeur et Tête, se confondent, il y aurait crainte de crise d'urémie si la ligne a une apparence jaunâtre, et crainte de crise cardiaque si la ligne est rouge (voir c) 4).

Que nous disent le mont et le doigt de Mercure?

Le mont de Mercure, sur le plan physiologique, est en liaison avec les organes génitaux, la vessie et les reins. Un mont de Mercure qui prend toute la place, et qui empiète même sur Apollon, peut être annonciateur d'inquiétudes se rapportant à ces organes (voir d) 1).

Le doigt de Mercure, dont la première phalange est tordue et qui montre une courbure vers l'intérieur de la main, appréhende des affections de la vessie et des reins. Le doigt ne peut se redresser et rester rectiligne et souple tout à la fois (voir d) 2). Habituellement, on remarque aussi l'absence de lunule sur l'ongle de ce doigt, tandis que tous les autres en possèdent une.

Maintenant que nous avons examiné les tendances physiologiques que nous révèlent les principaux monts de la main, *interrogeons les lignes principales.*

D'une façon générale, on peut dire que les personnes dont la ligne de Tête est séparée de la ligne de Vie ont eu une petite enfance plus robuste : elles ont été exemptes des maladies infantiles comme la rougeole, la coqueluche, etc. Leur santé n'a suscité aucune inquiétude à leurs parents. Au cours de leur vie adulte cependant, ils sont plus sensibles aux troubles de la vue et aux accidents cardiaques (voir e) 1).

Que nous dit la ligne de Vie?

Des lignes descendantes, secondaires et greffées à l'extérieur de la ligne de Vie présagent des affaiblissements de la vitalité de l'individu (voir e) 2).

Si ces lignes descendantes se trouvent à l'intérieur du mont de Vénus, elles peuvent signifier des fausses couches (voir e) 3).

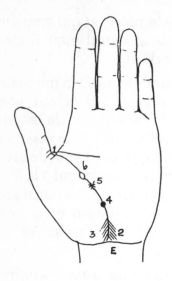

Un seul point sur la ligne, en forme de fossé, signale des troubles possibles de la vue, consécutifs à une fièvre. Ce point très profond doit être plus clair que la ligne (voir e) 4). Sur la ligne de Vie, un point semblable, mais noir, signale une intoxication intestinale.

Une étoile ou une croix sur la ligne de Vie annonce un danger possible d'infirmités permanentes, surtout si le signe se répète dans la main droite. S'il existe dans une seule main, il peut signifier l'amputation d'un membre (voir e) 5).

Une île sur la ligne de Vie peut faire pressentir une maladie chronique. Une succession d'îles confirme la pauvreté d'une santé qui devra, tout au long de la vie de l'individu, être sous la surveillance du médecin de famille. Signe d'encouragement cependant : de telles personnes vivent habituellement très très vieilles (voir e) 6).

Que nous révèle la ligne de Tête?

L'îlot sur la ligne de Tête signale la possibilité de dépression nerveuse, de stress prolongé, ou de maladie mentale (voir f) 1).

Une ligne de Tête torsadée comme un collier indique maux de tête et migraines (voir f) 2).

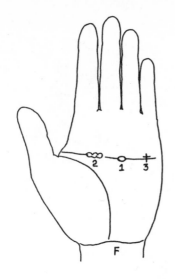

Une croix sur cette ligne, si elle est nette et sans équivoque, anticipe un danger de blessure ou d'accident à la tête (voir f) 3).

Que nous révèle la ligne de Coeur?

J'ai expliqué dans ce même chapitre, lors de l'examen du mont et du doigt d'Apollon, le langage de la ligne de Coeur. Je ne crois pas utile de le répéter ici.

En ce qui concerne les lignes secondaires de la main, comme la ligne de Santé et la ligne du Soleil, les signes qui apparaissent sur celles-ci ont une importance minime.

28

La main idéale

Au terme de cet ouvrage, et en guise de bref résumé, il serait agréable d'imaginer, pour un instant, l'apparence de la main idéale.

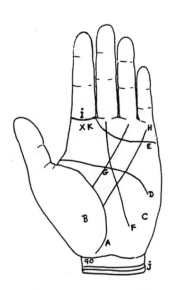

La main idéale est esthétique, belle à regarder. Sa couleur est rosée, et elle est chaude au toucher. Sa peau est souple tout en étant ferme.

La paume est plus longue que les doigts qui s'élèvent droits.

Aucun de ces doigts ne vient briser l'harmonie de la main et chacun contribue à un équilibre total.

Les monts sont bien à leur place à la racine des doigts et bien unis. Aucun ne déborde sur le territoire de l'autre et apporte ainsi les qualités que nous avons attribuées à chacun d'eux, lors de l'étude de chaque mont.

La ligne de Vie annonce une bonne constitution. Elle présente un long tracé clair, sans aucune irrégularité ni rupture. Elle assure la longévité, la vitalité et l'absence de maladie. L'espérance de vie est d'environ 90 ans (voir a).

Le mont de Vénus est assez développé, chaleureux et visible, sans toutefois accaparer tout l'espace du bas de la main. Il apporte l'amour et la tendresse (voir b).

Le mont de la Lune n'est pas aussi développé que le mont de Vénus; il est un peu plus bas que celui-ci et ne possède pas de grille ou d'îlot (voir c).

La ligne de Tête est longue, signe d'une intelligence supérieure. Elle signale aussi une volonté forte, un jugement sain et un esprit lucide. Elle s'incurve et descend un peu vers le mont de la Lune, annonçant ainsi une grande facilité d'adaptation et la souplesse requise pour travailler en équipe (voir d).

La ligne de Coeur est belle, profonde et bien colorée. Elle va se blottir entre la racine de l'index et du majeur, révélant ainsi l'optimisme, la joie de vivre, et l'ami sincère que nous rêvons tous de rencontrer (voir e).

La ligne de la Destinée part du mont de la Lune et monte verticalement, traversant ainsi la ligne de Tête et la ligne de Coeur pour s'arrêter sur le mont de Saturne. Elle est synonyme de réussite et de succès dans la carrière entreprise, en plus de signaler une vie longue et heureuse (voir f).

La ligne du Soleil part de la ligne de Vie. Elle signale le magnétisme personnel. L'individu dégage une influence bénéfique sur les êtres qu'il rencontre. Il accédera aux richesses et aux honneurs. Sa valeur personnelle est reconnue par ses pairs. Son passage sur terre contribuera au progrès de l'humanité (voir g).

La ligne de Santé n'est pas liée à la ligne de Vie et s'élève jusqu'au mont de Mercure. Elle signale la bonne santé du sujet, sa modération, et son souci de profiter des joies de la vie sans exagération. Elle certifie aussi une vieillesse heureuse, exempte de maladie (voir h).

L'anneau de Salomon, qui encercle la base de l'index, annonce la sagesse, l'équilibre et la sérénité. C'est le sage qui prodigue ses conseils toujours guidés par l'esprit de justice et d'équité (voir i).

Les bracelets, à la jointure de la main et du poignet, forment trois lignes horizontales qui prédisent à la fois la santé, la richesse et le bonheur (voir j).

Pour terminer le tout, je placerais **une étoile sur le mont de Jupiter,** signe annonciateur d'une réussite totale, tant au point de vue de la carrière que du côté personnel et sentimental. Toutes les ambitions seront satisfaites (voir k).

Une main bien proportionnée possède une paume un peu plus longue que les doigts. Elle est à la fois douce et ferme au toucher. Elle dénote une intelligence active, une grande sensibilité, et un caractère empreint de loyauté et de droiture.

Les doigts sont droits, et chacun d'eux fait partie de l'ensemble de la main. Aucun ne cherche à s'éloigner du cadre de la main ou à briser l'équilibre des lignes. Au contraire, chaque doigt contribue à l'harmonie de l'ensemble.

Les doigts sont plutôt carrés, à l'exception du médius qui est spatulé, et du petit doigt qui est plus pointu que les autres doigts.

Les phalanges sont à peu près égales, quoique la deuxième aurait avantage à être un peu plus longue, indiquant ainsi l'équilibre entre les facultés cérébrales du sujet, lesquelles sont exprimées par les premières phalanges, et le sens pratique, exprimé par les troisièmes phalanges.

La main parfaite existe-t-elle?

Nous connaissons tous la réponse à une telle question, et nous savons qu'il n'est pas nécessaire d'être parfait pour être heureux.

J'espère que ce guide d'auto-analyse vous amènera à une meilleure connaissance de vous-même, et qu'il sera le prélude d'un épanouissement global de votre personnalité.